Ullstein

Hinrich Matthiesen

Mein Sylt

Ein Lesebuch

Ullstein

ein Ullstein Buch
Nr. 23851
im Verlag Ullstein GmbH,
Frankfurt/M – Berlin

Neuauflage von UB 22827

Umschlagentwurf:
Theodor Bayer-Eynck
Illustration:
Beate Dartmann

Taschenbuchausgabe mit
freundlicher Genehmigung
des Verlages Dr. Dietmar
Straube GmbH

Printed in Germany 1996
Druck und Verarbeitung:
Ebner Ulm
ISBN 3 548 23851 3

April 1996
Gedruckt auf alterungs-
beständigem Papier mit
chlorfrei gebleichtem Zellstoff

Vom selben Autor
in der Reihe
der Ullstein Bücher:

Fluchtpunkt Yucatan (23179)

Die Deutsche Bibliothek –
CIP-Einheitsaufnahme

Matthiesen, Hinrich:
Mein Sylt : ein Lesebuch / Hinrich
Matthiesen. – Neuaufl. von UB
22827. – Frankfurt/M ; Berlin :
Ullstein, 1996
(Ullstein-Buch ; Nr. 23851)
ISBN 3-548-23851-3
NE: GT

INHALT

Mein Sylt

Hinrich Matthiesen

Ein Wort vorweg

Eigentlich mag ich es nicht, wenn der Verfasser eines Buches im Vorwort seine Rechtfertigung für eben dieses Buch gleich mitliefert, begibt er sich damit doch meistens von Anfang an in die Defensive. Hier aber scheint mir eine begründende Erklärung erforderlich zu sein, denn ich werde von der Insel Sylt erzählen, und über sie gibt es schon mindestens zweihundert Bücher.

Als der STRAUBE-Verlag mich bat, über meine Insel zu schreiben, war es diese Titelflut, die mich davon abhielt, spontan ja zu sagen. Ich hatte auch die meisten Autoren sofort im Kopf, zunächst natürlich unsere alten Chronisten. Sie allerdings waren es noch nicht, die mir Bedenken einflößten, denn das Sylt ihrer Zeit hat sich inzwischen so stark verändert, daß es zu keinen Überschneidungen kommen würde. Nein, es waren meine Zeitgenossen und ihre Texte, die mich vor der im Grunde reizvollen Aufgabe zurückschrecken ließen, ob es sich nun um Hermann Schmidt handelt, um Georg Quedens oder Sven Simon, um Kurt Lothar Tanks *Lesebuch* mit den vielen illustren Namen oder um Manfred Wedemeyers *Käuze, Künstler, Kenner – kaum gekanntes Sylt*, um Peter Schmidt-Eppendorfs *Memoiren einer Insel* oder um Harald Voigts historische Abhandlungen über Sylt, um das *Stern*-Buch mit den Zitaten von Thomas Mann, Stefan Zweig, Max Frisch und anderen Großen oder um Bodo Schütts Lyrik, um Jessen, Jessel, Stöver und wie sie alle heißen, um Boy Lornsen, Sylter wie ich, Kapitänssohn wie ich, friesisch sprechend wie ich (nein, wohl doch besser), um alle die vielen, die in den vergangenen Jahren und Jahrzehnten Sylt in Worten und Bildern dargestellt haben, nicht zuletzt um Henry Koehn, an dessen Standardwerk *Die Nordfriesischen Inseln* niemand, der sich etwas gründlicher mit Sylt befassen will, vorbeikommt. Aber auch zahlreiche journalistische Beiträge kamen mir in den Sinn, zum Beispiel die von Carla Petersen, die seit Jahrzehnten ebenso engagiert wie fundiert über die Insel berichtet. Und an Kurt Struve dachte ich, der mit Linse und Feder die Schönheiten der Insel festgehalten hat. Er war es, der meine ablehnende Haltung ins Wanken brachte. Ich traf den Senior der lebenden Sylt-Autoren in der Westerländer Friedrichstraße, und wie immer, wenn ich ihn sehe, staunte ich erst mal über seinen federnden Gang und sein frisches wettergebräuntes Gesicht. An ihm scheinen sich alle Heilkräfte unserer Nordseeluft so richtig auszutoben. Er erzählte mir von seiner neuen Arbeit, einem Buchprojekt mit dem Titel *Sylt – Die Roseninsel*. Aber wie denn das? Ein Titel wie *Die Iglus am Amazonas* hätte mich kaum mehr verblüfft. »Die Roseninsel?« fragte ich. »Ja«, antwortete er, »man muß nur die Augen offenhalten. Fahren Sie über die Insel! Überall Rosen in Fülle!«

Ich dachte sofort an das Blumenmeer in unserem Garten, zu dem auch Rosen gehören, die jetzt, im Juli, in voller Blüte stehen. Aber ich hielt diese Pracht doch eher für die Ausnahme, für das Werk von Gondel, meiner Frau, die alle gärtnerischen Tricks kennt und – das glaub' ich jedenfalls – heimlich mit ihren Pflanzen spricht und sich sogar Samen aus Mexiko schikken läßt.

Am Abend, zu Haus, geisterte Kurt Struves Roseninsel noch immer in meinem Kopf herum, und plötzlich hatte ich den Schlüssel zu meinem eigenen Sylt-Buch. Ein Spezifikum mußte her! So etwas wie die Rosen! Etwas Besonderes also, das – wenn möglich – sogar den Reiz der Einmaligkeit hatte. Aber Moment, dieser Reiz war ja schon da, lag im vorgegebenen Titel! *Mein Sylt*. Also meins, nicht deins! Das war es. Selbst wenn zehn Autoren mit genau diesem Titel herauskämen, würden es zehn grundverschiedene Bücher sein. Das nur scheinbar einschränkende, in Wirklichkeit aber eine Fülle von Möglichkeiten bereithaltende *Mein* gab mir alle Freiheit, die ich nur wollte. Niemand würde mir vorhalten können: Du hast ja den Petritag gar nicht in deinem Buch und die Vogelkojen auch nicht, und nirgendwo steht, daß die Insel 38 Kilometer lang ist. Unser geologisches Paradestück, das Morsum-Kliff, hast du auch vergessen, und die Sylter Trachten … Natürlich werden bei mir auch Dinge vorkommen, die in den zweihundert bereits erschienenen Büchern stehen, denn an manchen Stellen deckt sich mein Sylt mit dem der anderen. Aber der Titel erlaubt es mir, auszuwählen, und das tu ich. Los geht's!

Was ist ein Sylter?

Fast jeder Bundesbürger, der heute über vierzig Jahre alt ist, hat es am Bildschirm oder am Radio miterlebt, und viele der jüngeren haben es im Geschichtsunterricht gelernt oder wissen es vom Hörensagen: 1963 rief der amerikanische Präsident John F. Kennedy vor dem Schöneberger Rathaus aus: »Ich bin ein Berliner!« Dabei war er nicht mal Europäer, geschweige denn Deutscher. Dennoch tat er jenen denkwürdigen Ausspruch, und alles jubelte.

Er durfte sich so äußern, obwohl seine Wiege in Massachusetts stand und der Potomac ihm ganz gewiß mehr bedeutete als die Spree. Ja, er durfte sich als einen Berliner bezeichnen, denn es handelte sich dabei, wie jeder weiß, nicht um eine regionale Zuordnung, sondern um ein weltpolitisches Signal.

Oft höre ich Leute sagen »Mein Sylt!« oder auch »Meine Insel!«, und ihr Wort klingt ähnlich emphatisch wie Kennedys Bekenntnis zu Berlin. Dabei stammen sie aus Hamburg und München, aus Düsseldorf und Köln. Sie sagen »Meine Insel!«, auch wenn Elbe und Isar und Rhein ihrem Leben näher sind als Wattenmeer und offene Nordsee und die Weltpolitik ohne sie gemacht wird. Dennoch, meine ich, dürfen sie Sylt als ihre Insel bezeichnen. Warum? Weil es bei ihrem Bekenntnis nicht um Herkunft geht, sondern um Hinwendung. Sie haben sich für ein paar besondere, aus dem Gleichmaß des Jahres herausgehobene Wochen die Insel ausgewählt. Da komme bitte niemand und wende ein, mit einem Zweithaus oder einem alljährlich angemieteten Quartier auf diesem Flecken Erde sei man noch lange kein Sylter! In gewissem Sinne ist man es durchaus, denn wer sich entschließt, hier regelmäßig Gast zu sein, hat schon mal etwas sehr Wesentliches an die Insel vergeben, sein Herz nämlich oder was immer der Ort sein mag für Liebe oder Vorliebe. Das zählt; jedenfalls, solange wir einen etwas gelockerten Umgang mit dem besitzanzeigenden Fürwort gelten lassen, und warum sollten wir das nicht tun? Schließlich wird uns Syltern mit diesem Anspruch nichts streitig gemacht, am allerwenigsten unsere Geschichte.

Diese Menschen meinen ja Sylt, wie es heute ist, meinen das Füllhorn, die Schatzkammer, und nicht jenen kargen, dem nordfriesischen Festland vorgelagerten Landstrich, der in vergangenen Zeiten seine Bewohner eher schlecht als recht ernährte. Nein, das schon geschichtliche Sylt meinen die Ferienmenschen nicht, denn dann ginge es um die Verwurzelung und also um andere Kriterien der Zugehörigkeit. Indes, so ganz eindeutig scheinen selbst die nicht zu sein.

Als ich 1953 ein Mädchen dieser Insel heiratete, begann zwischen meinem Schwiegervater und mir ein lange währender, aber immer verbindlich, mehr noch, ein liebevoll ausgetragener Disput über die Frage, wer denn nun eher berechtigt sei, sich ein Sylter Kind zu nennen, seine Tochter oder ich. Hier kurz die jeweilige Beweisführung:

Mein Schwiegervater, gebürtiger Ostfriese, war im Jahre 1926, also noch vor Fertigstellung des Hindenburgdammes, als Rechtsanwalt und Notar in den Hauptort der Insel, nach Westerland, gegangen. Asphaltmüde hatte er das turbulente Berlin jener Zeit verlassen und führte dann für lange Zeit die einzige Anwaltspraxis von Sylt. Heute gibt es hier sieben Anwälte und Notare.

Seine Kinder wurden auf der Insel geboren, wuchsen dort auf. Was nun mich betrifft, so stand meine Wiege zwar in Westerland, und meine Vorfahren sowohl mütterlicher- als auch väterlicherseits waren Sylter, aber meine Kindheit verbrachte ich in Lübeck. Und die Kindheit, sie war es, die der alte Notar immer wieder ins Feld führte, diese – wie er manchmal sagte – Zauberwelt, die jeden Inselquadratmeter zum ganz persönlichen Eigentum mache und daher mehr zähle als alles andere. Wenn, so plädierte er, Landschaft denn zur Identität eines Menschen beitrage, dann geschehe das vorwiegend in der Kinderzeit. Damit hatte er ja eigentlich auch recht, und so kam ich mir mit meiner dreihundertfünfzig Jahre langen Sylter Ahnenkette und mit meiner friesischen Muttersprache schon fast geschlagen vor. Der Ort meiner Kindheit war nun mal nicht die Insel, sondern die Hansestadt an der Trave.

Doch eines Tages beantragte ich die Wiederaufnahme des Verfahrens. Ob ich denn neues Beweismaterial hätte, fragte er. Aber ja, erwiderte ich, und dann trug ich ihm, der es gewohnt war, Für und Wider sorgfältig gegeneinander abzuwägen, ein – wie ich fand – wirklich stichhaltiges Argument vor. Wenn meine Kindheit, so führte ich aus, nicht auf Sylt stattfand, sondern zweihundert Kilometer entfernt in einer Hafenstadt, dann doch nur deshalb, weil mein Vater Kapitän war und damit einen für die Sylter typischen Beruf hatte. Um den ausüben zu können, brauchte man große Reedereien, und die gab es nicht auf der Insel, sondern in Hamburg, Bremen, Lübeck oder Emden. Er müsse doch einsehen, daß diese Konstellation für einen authentischen Sylter schon fast Modellcharakter habe. Nun, er war nicht nur ein Mann des Rechts, sondern auch Schachspieler, und so antwortete er, nachdem er die veränderte Beweislage überdacht hatte: »Remis.«

Mit einem Vergleich davonzukommen, ist nicht der schlechteste Ausgang eines Rechtsstreites, aber der Fall zeigt, wie schwer es manchmal ist, Verwurzelung nachzuweisen. Selbst unser Landesvater hat, wie er mir mal erzählte, gewisse Schwierigkeiten, die Zugehörigkeit zu seiner Heimatstadt Lübeck durchzusetzen. Dazu brauche man mindestens drei Generationen, sagte er, es sei denn, man habe einen Senator in der Ahnenreihe. Bei den Engholms sind es erst zwei Generationen, und den Joker haben sie auch nicht in der Hinterhand. Offenbar tut man sich andernorts genauso schwer, wenn es um Herkunft geht.

Ja, und was ist nun ein echter Sylter? Ich meine, zunächst einmal sollte man davon abrücken, in dieser Frage für andere entscheiden zu wollen. Ich für meinen Teil glaube herausgefunden zu haben, warum ich einer bin: Wenn es darum gehen wird, mich hinzulegen zum großen Schlaf, dann möchte ich, daß es in Keitum geschieht. Daran bei Lebzeiten zu denken, halte ich weder für makaber noch für kokett. Wann sonst sollte man es denn wohl tun? Ebensowenig halte ich es für sentimental, und schon gar nicht ist es Ausdruck einer finalen Stimmung. Es geschieht sogar eher heiter als bedrückt, und mir unterlaufen dabei auch ganz diesseitige Empfindungen und Vorstellungen. Zum Beispiel liebe ich Hamburg, fände es aber traurig, dort begraben zu sein, weil ich dann recht einsam wäre als Friese unter lauter Hanseaten. Und auch in Mexiko, wo ich mit Begeisterung einen Teil meines Lebens verbracht habe, möchte ich den großen Schlaf nicht antreten; ich hätte Bedenken, es würde ein sehr unruhiger werden mit den vielen Mexikanern in den Betten ringsum. Nein, ich will in Keitum liegen, wo der Nordwest durch die Bäume geht, wo Pastor Giesen unsere Tochter Svendine getraut hat und jenes Kirchenbuch bewacht, in das – um nur zwei der Namen herauszugreifen – die Eheschließung des Seefahrenden Matthias Lorenz Matthiesen und der Karen Haulk Mannis am 11. März 1808 eingetragen wurde und in dem manch andere meiner Vorfahren mit ihren biographischen Stationen vermerkt sind: der Geburt, der Taufe, der Hochzeit und dem Tod. Der Wunsch, wo man einmal liegen möchte, kommt ja nicht von ungefähr. Ganz sicher hängt er mit den Wurzeln zusammen.

Gret Skrabbel

Nein, das hat nicht einmal entfernt mit dem amerikanischen Kreuzworträtsel-Spiel zu tun, sondern es ist der Name jener Frau, die als Stamm-Mutter vieler Sylter Familien gilt. Die Geschichte ihrer Herkunft wird auf der Insel in mehreren, zum Teil stark voneinander abweichenden Versionen erzählt.

Eine lautet, Gret sei als Kind nach einem Schiffsuntergang in einer Wiege am Rantumer Strand angetrieben. Eine andere nennt statt der Wiege eine Hummerkiste. Eine dritte besagt, das Schiff sei nicht untergegangen, sondern nur gestrandet, und die Rantumer hätten das Kind von Bord geholt. Und wieder eine andere bekundet, diese Gret sei eine junge Frau gewesen und habe, als man sie vom gestrandeten Schiff an Land brachte, einen kleinen Jungen bei sich gehabt. Es ist – wie so oft bei mündlichen Überlieferungen – eine Geschichte mit Arabesken, weil die Art der Weitergabe in hohem Maße von der Phantasie bestimmt wird. Der wahre Kern scheint zu sein, daß es um 1620 diesen Zuwachs zur Inselbevölkerung gegeben hat und daß jene Gret ein Amsterdamer Mädchen war und eigentlich Margareta hieß. Skrabbel ist ein hiesiger Namenszusatz und geht angeblich auf das quirlige Temperament der kleinen oder auch der schon großen Gret zurück.

Ihr späterer Mann soll Jens geheißen haben. Ihrer beider Sohn Peter Jensen oder auch Peter Jens Greten taucht in den Sylter Steuerlisten des ausgehenden Jahrhunderts unter den Namen Peter Jensen de Haen und Peter Janßen de Han auf, und einer seiner fünf Söhne, die alle Grönland-Kommandeure wurden, war Lorenz Petersen de Haan, der bis heute berühmteste Sylter Seefahrer. Die Grönland-Kommandeure, deren Namen in den Walfanglisten des Museums für Hamburgische Geschichte stehen, befuhren auf der Jagd nach Walen das nördliche Eismeer.

Nicht selten gingen die Sylter Jungs mit dreizehn, vierzehn, ja, manchmal sogar schon mit zwölf Jahren auf die Schiffe, so daß in manchen Fällen die Konfirmation bei einem späteren, zwischen zwei Reisen anberaumten Landaufenthalt nachgeholt werden mußte. Von diesem frühen Eintritt ins Berufsleben her ist es zu erklären, daß Lorenz de Haan schon im Alter von vierundzwanzig Jahren Kommandeur war. Er hat unter anderen die Schiffe *De Swarte Arendt* und *Fyf Gebroeder* geführt, deren Reeder in Hamburg lebende Holländer waren. Lorenz de Haan, der von 1668 bis 1747 lebte, war ab 1718 Strand- und Düneninspektor, dem die Strandvögte von Westerland, Rantum, Kampen sowie die Ufervögte von Keitum und Morsum unterstanden. List hingegen gehörte zum Bereich der königlich dänischen Regierung.

Unsere Chronisten Henning Rinken und C. P. Hansen haben sich ausführlich mit der Sylter Ahnfrau befaßt. Rinken gibt jener Version den Vorzug, nach der Gret und Jens als Mutter und Sohn auf die Insel gekommen sind. Hansen hält mehr von dem Wiegenkind Gret. Eine geradezu abenteuerliche Lesart bietet die Schriftstellerin Margarete Boie in ihrem Buch *Der Sylter Hahn* an, allerdings als Romanpassage und darum von vornherein nicht als Zeugnis zu werten, sondern als phantasievoll nachgestaltetes Geschehen. Gleich in der Eingangsszene ihres Buches erzählt sie von dem Schiffbruch vor Sylt, spricht von der holländischen Kuff, also einem flachen und breiten Frachtsegler für die Küstenfahrt, der bei Rantum aufs Land geraten sei, und beschreibt die Männer beim Bergen des Strandgutes, besonders einen, der sah, … »daß er kein Schiffsgut gefischt hatte, sondern eine buntbemalte Wiege, in der in Kissen fest eingestopft ein Kind lag. Es war aber nicht tot … Einer von ihnen zog einen getrockneten Fisch aus seinem Hosensack, klaubte mit dem Fingernagel ein Stück grätenfreies

Fleisch heraus und schob es in das lachende Mäulchen. 'Kuck, es frißt', sagte ein Dritter ... Doch da wurde dem Berger der Wiege das Spiel zu lang. Er schlenkerte seinen schweren Holzschuh ab und hob ihn auf, um dem kleinen Ding damit den Garaus zu machen ...«

Das tat er nicht, denn das *kleine Ding* wurde ja unsere Stamm-Mutter, aber die Autorin trifft, auch wenn sie statt der barbarischen Tat nur den barbarischen Impuls des Rantumers nennt, ganz sicher einen Wesenszug der Sylter aus jener Zeit, nämlich die Rauhbeinigkeit, zu der der Kampf mit dem Meer sie erzogen haben mag. Zugleich wird das entbehrungsreiche Leben der Insulaner verdeutlicht; ein Esser mehr am Tisch, das spielte eine große Rolle.

In welchem Maße die Sylter damals auf die Hinterlassenschaften gesunkener Schiffe erpicht waren, erhellt ein Gebet, von dem ich nicht weiß, ob sie es tatsächlich so gesprochen haben oder ob es ihnen in den Mund gelegt worden ist: »Herr, segne unseren Strand!« Mögen beschwichtigende Interpreten auch noch so eindringlich die Fische und Krebse anführen, die nach ihrer Ansicht mit dem Segen gemeint waren, so gibt es doch auch andere Stimmen, die davon ausgehen, daß hier der Herrgott angefleht wurde, er möge mal wieder ein Schiff untergehen lassen. Zwischen der ersten, der milden, und der zweiten, der radikalen Deutung gibt es eine dritte: Wenn du, Lieber Gott, es schon nicht lassen kannst, mal wieder ein Schiff und seine Männer zu vernichten, dann sorge wenigstens für vernünftigen Wind, damit die Ladung zu uns treibt und nicht sonstwohin!

Ganz böse Zungen sagen den Inselfriesen sogar nach, sie hätten sich in ihrem Verlangen nach Strandgut nicht auf Gebete beschränkt, sondern auch schon mal selbst den Lieben Gott gespielt und die Dünenfeuer versetzt, damit die Schiffsleute die Orientierung verlören.

Doch zurück zu Gret Skrabbel! Für viele Ahnenforscher ist, wenn sie überhaupt so weit kommen, der Dreißigjährige Krieg die große Barriere, so daß sie im Jahr 1648 haltmachen müssen, weil nicht nur Städte, Dörfer und Menschen der Verwüstung zum Opfer gefallen waren, sondern überdies die Kirchenbücher. So liegt auch Grets Herkunft im dunkeln. Der Lehrer und Sylt-Forscher Wilhelm Jessen erwähnt in seinem Buch *Das Meer vernichtet – und segnet* die Version, nach der Gret, oder eben Margareta, in Amsterdam einen unehelichen Sohn zur Welt gebracht hat. Die Familie des Kindesvaters wollte eine Mesalliance verhindern und sorgte dafür, daß die junge Mutter samt Baby außer Landes gebracht wurde. Die beiden sollten nach Danzig reisen, aber vor Sylt ereilte ein Sturm das Schiff, und an diesem Punkt der Recherche klinkt sich nun wieder die Rantumer Überlieferung ein.

Einem Onkel von mir, der nicht Seemann, sondern Journalist wurde, ist es gelungen, Gretens Geschichte noch weiter nach rückwärts zu verfolgen. Er hat mir von seinen Nachforschungen erzählt, aber leider nichts Schriftliches darüber hinterlassen. Trotzdem erkläre ich hiermit frank und frei, daß ich an diesen letzten aufgedeckten Wurzelstrang glaube, weil er mir gefällt:

Java um 1620. Ein Amsterdamer Reeder hat seinen Sohn, damit der sich in der Welt umsehe, auf die indonesische Insel geschickt. Das deckt sich übrigens mit den Aussagen der Geschichtsbücher, denen wir entnehmen, daß nach den Portugiesen auch die Holländer nach Java gingen, um dort Handelsniederlassungen zu gründen, so in Batavia, dem heutigen Djakarta, womit sie 1596 begannen. Der Sohn sah sich also gemäß väterlicher Order auf der fremden Insel um, und dabei fiel sein Blick auch auf ein armes eingeborenes Mädchen. Scheherezade hätte sicher gesagt: Sie war schön wie der Vollmond und von unermeßlichem Liebreiz, und keine im Land kam ihr gleich. Mein Onkel sagte nur: Sie gefiel dem jungen Holländer so sehr, daß es nicht beim Betrachten blieb.

Es muß sich um einen entweder sehr verliebten oder um einen sehr anständigen Mann gehandelt haben, denn er nahm die Javanerin, die ein Kind von ihm erwartete, mit in die Heimat. Natürlich zum Entsetzen seiner Familie, die denn auch sofort Rat hielt und zu dem Ergebnis kam, daß das junge Paar nebst dem inzwischen zur Welt gekommenen Nachwuchs auf keinen Fall in Amsterdam bleiben durfte, wo es die Sippe zum Gespött der Gesellschaft gemacht hätte. Also bestieg die kleine

Familie ein Schiff. Bei dieser Variante ist nun allerdings nicht Danzig das Reiseziel, sondern ein Hafen in Norwegen, wo der Sohn, den man natürlich nicht vollends verstoßen wollte, in der firmeneigenenen Niederlassung arbeiten sollte. Jedenfalls läßt sich wiederum das schon andernorts Ermittelte nahtlos zusammenfügen mit dem Neuen, denn was immer auch an Vor- und Nachereignissen zur Existenz der Gret Skrabbel zutage gefördert worden ist, der gemeinsame Schnittpunkt aller Erzählstränge liegt in der Havarie, die sich zu jener Zeit auf der Höhe von Rantum zugetragen hat.

Hier sei auf Karl Schmidt-Rodenäs hingewiesen, Lehrer und Genealoge, der in seinem Buch *Sylter Geschlechter um und nach Lorenz Petersen de Haan* die Nachkommenschaft des Grönland-Kommandeurs und Enkels der Gret Skrabbel dokumentiert. Neben den Stammtafeln der Altsylter Familien bringt er auch Zeitzeugnisse über das Inselleben bei. So zitiert er zum Beispiel auf der Seite 324 die »Anschreibung der Hueffen« (Landmaß) von 1709 und vermittelt uns damit das erschütternde Bild Rantums aus der Zeit, in der Lorenz de Haan etwa in der Mitte seines Lebens stand:

»Dieß Dorff stehet an der Seekant in den Sanddühnen, ist gar schlecht und in einem miserablen Zustand, können nicht lange auf einen Ort wohnen wegen des Sandes, haben zu unterschiedlichen Mahlen ihre Häußcr abbrechen und andere schlechter aufbauen mußen. Die Gräßung ist mager, auch wenig oder nichts, leben von den wenigen Fischen, und wenn die Seefahrt ihnen nicht gelücket, haben sie nichts, sondern sind gleich ruinirt. Sind mit Contribution höchst beschweret so wol als in andere Gefälle und weit mehr, als ihr Vermögen ist; haben kein tüchtig Ackerland mehr, und das Wisch Land ist theils gar gering, theils veräußert, und der wenigste part participirt etwas davon. Zu dehm ziehen hier von dannen jährlich, die etwas Vorraths haben, und setzen sich anderwerts nieder zu wohnen, weil hier nichts zu erlangen. Wenn der Fischfang abgehet, welcher Fischfang denn gar ungewiß, auch sehr gefährlich und mühselig ist, so haben sie hier nichts und gar keine Nahrung für ihre Leute, vor Kinder noch für Vieh. Sonderlich ist das Wiesen Land das beste, so hier beym Dorff, welches aber so gar ungewiß und lieget sehr gefährlich für Sand und Waßer; wenn es gemehet ist, kan es mit einer Fluth gantz weggenommen oder mit einem harten Winde mit Sande überlauffen werden, daß davon nichts Gewisses zu setzen noch zu erlangen, dieweil es niedrig Land und unbeteichet ist. Noch ist zu berichten, daß denen Einwohnern in diesem Dorff Rantum das wenigste von dem Wiesen Land zukombt, sondern das meiste gehöret denen andern außen Kirchspiels zu, die bergen und genießen, was davon kombt.«

Ein knappes Jahrhundert vor dieser Zeit wird Rantum kaum weniger bedürftig gewesen sein, und so hat Margarete Boie in ihrem Roman jenen Mann wohl richtig beschrieben, der Gret totschlagen wollte, weil sie als Strandgut so gar nichts hergab, sondern ihn, im Gegenteil, noch etwas kosten würde.

Doch Gret hat überlebt, und gleich mir geraten viele heutige Sylter, wenn sie ihren Ahnen auf der Spur sind, nach einem etwa zwölf Generationen langen Weg an sie. Ob sie wohl ein wenig indonesisch ausgesehen hat? Wer weiß?

Von der friesischen Sprache

Ich habe einen Freund. Als der mich einmal ärgern wollte, brachte er sich vor mir in Positur, begann mit Armen und Schultern zu zucken, verdrehte die Augen, schnaufte, röchelte und gab dann eine Reihe krächzend ausgestoßener Laute von sich, so daß ich schon befürchtete, irgendein wildgewordenes Virus habe ihn erwischt und bringe ihn zur Strecke.

Ich fragte entsetzt: »Was machst denn du?« Da wurde er wieder ruhig und antwortete: »Ich versuche, friesisch zu sprechen.«

Was er da so respektlos inszeniert hatte, war in meinen Augen schon fast nicht mehr witzig, und so hab' ich denn auch nur gequält darüber lachen können. Doch in der Tat ist, jedenfalls für fremde Ohren, das Friesische eine an Knack-, Krach- und Schluchzlauten reiche Sprache. Jedem, der sie nicht mit der Muttermilch eingesogen hat, fällt es schwer, sie zu erlernen, und das nicht nur, weil seine Zunge die Nuancen nicht schafft, sondern auch, weil eine überkommene einheitliche Schriftsprache fehlt. Aber es gab und gibt ohnehin nur wenige Menschen, die bereit sind, sich eine Sprache anzueignen, deren Anwendungsmöglichkeit äußerst begrenzt ist. Überdies sind das West-, das Ost- und das Nordfriesische sehr unterschiedlich, und dann weichen auch noch innerhalb des Nordfriesischen die regionalen Formen so stark voneinander ab, daß zum Beispiel ein Sylter schon das Friesische der Nachbarinseln nur schwer versteht und nicht minder große Schwierigkeiten hat, mit der Sprache der kontinentalen Nordfriesen zurechtzukommen.

Frühe schriftliche Zeugnisse des Sylter Friesischen fehlen ganz. Das bedeutendste syltringer Werk ist das Molières »L'avare« nachempfundene Lustspiel »Di Gidtshals of di Söl'ring Pid'ersdei« (»Der Geizhals oder der Sylter Petritag«) von J. P. Hansen, dem Vater des Chronisten C. P. Hansen, aus dem Jahre 1809, das noch heute von unseren hiesigen Laiendarstellern immer wieder gern aufgeführt wird. Es gilt als Grundlage für die Rechtschreibung des auf Sylt gesprochenen Friesischen. Auch B. P. Möllers 1909 in Altona erschienenes *Söl'ring Leesbok* und sein 1916 in Hamburg herausgekommenes *Söl'ring Uurterbok* (Wörterbuch) basieren auf diesem Lustspiel.

Es böte wenig Kurzweil, jetzt in einer gründlichen linguistischen Abhandlung den Charme friesischer Lautmalerei nachzuweisen, der ohne Frage vorhanden ist, oder vergleichende Studien anzustellen mit dem Ziel, die englischen, holländischen, dänischen und deutschen Elemente des Friesischen sichtbar zu machen. Das wäre ja auch gar nicht die Aufgabe dieses Buches, und außerdem haben das schon andere gemacht, so zum Beispiel in hervorragender Weise Nils Arhammer in seinem Aufsatz »Die syltringer Sprache«, erschienen in dem von Margot und Nico Hansen im Itzehoer Verlag *Hansen & Hansen* herausgebrachten Buch *Sylt – Geschichte und Gestalt einer Insel*.

Festzuhalten bleibt hier, daß das Friesische keine Mundart ist, sondern eine eigenständige westgermanische Sprache. Wie das Sylter Friesisch sich anhört, mögen einige Sprichwörter deutlich machen.

»En Gitshals en en Swin kum jest tö Gaagen, wans duar sen.« (Ein Geizhals und ein Schwein kommen erst zu Nutzen, wenn sie tot sind.) Dieser Satz bietet von der Aussprache her kaum Schwierigkeiten, weil Schreibweise und Lautbildung weitgehend übereinstimmen. Man muß nur wissen, daß das Wort 'Gaagen' *Goochen* gesprochen wird.

Das zweite Sprichwort habe ich in meiner Kindheit gehört, aber seitdem nicht mehr. Vielleicht blieb es haften, weil es nicht ganz stubenrein ist und etwas Anrüchiges nun mal einen größeren Reiz auf ein Kind ausübt als lateinische Vokabeln oder mathematische Formeln. Es lautet: »Her es en skellem, Bochsensketten es wes.« Bitte Geduld, die Übersetzung kommt gleich! Zunächst einmal: Die hier ausgesprochene Volksweisheit existiert auch in deutschen Fassungen. Ich kenne zwei. Mag sein, daß es noch mehr gibt. Die erste: »Der Mann, der das Wenn und das Aber erdacht, hätte sicher aus Pferdeäpfeln Gold gemacht.« Die zweite: »Wenn das Wörtchen Wenn nicht wär', wär' mein Vater Millionär.« Nun die wörtliche Übersetzung der friesischen Fassung: »*Hätte* ist ein Schelm, In-die-Hose-Scheißen ist sicher!«

Der personifizierte und zum Schelm gewordene Konjunktiv ist, so jedenfalls empfinde ich, ein Glanzstück sprachlicher Verdichtung; ebenso besticht die bündige Überleitung zu der Erkenntnis, daß nur die Realität zählt.

In ihrer Sammlung *Söl'ring Spreekuurter en wat Söl'ring snak* bieten uns die Autoren Gondel Wieland und Hermann Schmidt einen wahren Schatz an Sylter Sprichwörtern und Redewendungen, von denen ich zwei auswählen möchte:

»Injsrail en Miarensrail kum ek aurjen.« Inhaltlich kommt hier zum Ausdruck, was wir meinen, wenn wir mit dem deutschen Sprichwort davor warnen, den Tag vor dem Abend zu loben, denn die wörtliche Übersetzung der friesischen Fassung lautet: Abend- und Morgengeschäft stimmen nicht überein.

Einen besonders anschaulichen Vergleich enthält das Sprichwort »Gapi jens töögen en Bakaun!« Zu deutsch: Gähne mal gegen einen Backofen an! Womit gemeint ist, daß man als Schwächerer immer den kürzeren zieht.

Kein Sprichwort, aber doch ein vielverwendeter syltringer Ausspruch lautet: »Tiarp Kierem es en mal dialk Tiarp.« Auf deutsch: Das Dorf Keitum ist ein sehr schönes Dorf. Alle des Friesischen nicht Mächtigen mögen einmal versuchen, diesen kleinen Satz nachzusprechen. Indem ich mir das jetzt vorstelle, habe ich zwar nicht gerade das groteske Bild meines eingangs zitierten Freundes vor Augen, vernehme aber doch ein rechtes Rachen- und Gaumengetöse und glaube sogar Verzweiflung herauszuhören, weil's einfach nicht gelingen will. Hier ein phonetisch halbwegs akzeptables Angebot: Tjerchp Kjierem es ön mall di-erlk Tjerchp. Ich meine, es bedarf wirklich einer echten friesischen Zunge, um diesem scheinbaren Ungetüm aus widerspenstigen Vokalen und Konsonanten zu sprachlichem Wohlklang zu verhelfen, aber glauben Sie mir, wenn ein Sylter den Satz spricht, klingt er wie Musik.

Auf eine sprachliche Besonderheit bei diesem Lob des Dorfes Keitum möchte ich noch hinweisen. Ich habe *mal dialk* mit *sehr schön* übersetzt. Eigentlich müßte es heißen: *verrückt schön*. Auch im Deutschen behelfen wir uns ja manchmal, wenn wir ein äußerstes Maß angeben wollen, mit einem schon wieder gegenläufigen Ausdruck. Zum Beispiel kann etwas *schrecklich schön* sein, oder man liebt jemanden *ganz wahnsinnig*. Fazit: Auch die Friesen haben in ihrer Sprache die Übertreibung, die anschaulich macht.

Nicht vergessen werden soll hier jener Spruch, der weniger ein Sprich- als vielmehr ein Losungswort der Friesen ist und den sie sich sogar auf ihre Fahne geschrieben haben: »Rüm Hart, klaar Kiming!« Offenes Herz, klarer Horizont. Eine Maxime, die einem Seefahrer gut ansteht.

Leider, so lautet jedenfalls die Prognose, wird auf die Dauer das Sylter Friesisch nicht zu halten sein. Schon jetzt sprechen von den rund siebenundzwanzigtausend Inselbewohnern nur noch etwa zweitausendfünfhundert diese Sprache, und die Tendenz ist fallend. Zuviel Fremdeinflüsse haben im Laufe der letzten Jahrzehnte dafür gesorgt, daß sie mehr und mehr vom Deutschen verdrängt wurde. Sven Simon nennt in seinem Sylt-Buch für das drohende Aussterben der Sprache drei Gründe: den Tourismus, der die Einheimischen in steigendem Maße dazu zwinge, sich des Deutschen zu bedienen; den Bau des Hindenburgdammes, der den Syltern eine größere Mobilität beschert habe, und den Zweiten Weltkrieg mit seiner starken Militär-Präsenz und dem mächtigen Zustrom an Flüchtlingen.

Vor allem die vielen zwischen Einheimischen und – vorwiegend ostdeutschen – Zuwanderern geschlossenen Ehen führten dazu, daß der hiesige Ehepartner sozusagen auf seiner Sprache sitzenblieb, sie innerhalb der Familie nicht mehr benutzen konnte und also auch nicht an die Kinder weitergab.

Doch darf nicht unerwähnt bleiben, daß all diesen Hemmnissen zum Trotz mit großem Einsatz versucht wird, die Inselsprache zu halten. Einige Schulen bieten friesischen Unterricht an, und auch an privater Initiative fehlt es nicht. Eine Institution auf dem Gebiet der Sylter Sprache und des Sylter Brauchtums ist Annemarie Winger. Lange hat sie das *Altfriesische Haus*, ein Keitumer Museum, in ihrer Obhut gehabt, und diese Tätigkeit entsprach ganz und gar ihrem Wunsch, vieles von dem, was das überlieferte Sylt ausmacht, lebendig zu erhalten. Wenn ich für meine Arbeit Fragen zur Inselgeschichte habe, führt mein Weg mich ganz selbstverständlich nach Keitum in das schöne alte Friesenhaus, in dem sie wohnt. 1983 wurde sie mit dem C.-P.-Hansen-Preis geehrt, der alljährlich an Menschen vergeben wird, die sich um Sylt verdient gemacht haben.

Die große Freiheit

Wenn ich auch, wie schon erwähnt, in Lübeck aufgewachsen bin, so hat es doch für mich viele Kindertage auf Sylt gegeben, nämlich die langen Sommerferien, die ich, meistens zusammen mit meinem vier Jahre älteren Bruder, auf der Insel verbrachte, mal im mütterlichen Westerländer, mal im väterlichen Keitumer Großelternhaus, manchmal aber auch bei meinem Onkel und meiner Tante in Tinnum, wo es dann noch vier Vettern und eine Cousine gab. Dort war es immer besonders schön, weil wir Kinder fast alles machen durften, was uns in den Sinn kam.

Das Hochgefühl setzte schon während der Anreise ein, und es erreichte einen ersten Gipfel in dem Augenblick, als die Eisenbahn den Festlanddeich hinter sich ließ und auf das Meer zuhielt. Wo sonst erlebte man dieses Abenteuer, daß da ein Zug gleichsam durchs Wasser fuhr? Einfach so? Du stehst am Fenster und siehst, je nach Tidenstand, auf die See oder auf eine unermeßliche Fläche aus grauem Schlackermatsch, wie wir den Schlick des Wattenmeeres nannten. Der Himmel darüber ganz anders als der von zu Haus; jedenfalls bildeten wir uns das ein. Mein Bruder sagte: Ein Himmel wie aus Glas. Literaten sprechen gern vom kosmischen Himmel über Sylt. Vielleicht ist das ja dasselbe. Und wenn grad Gewitterwolken über dem Watt hingen, so waren auch die anders als die von Lübeck, dunkler und drohender. Sie hatten etwas Spukhaftes, waren so, wie Nolde sie gemalt hat, von dem wir damals allerdings nichts wußten, weil wir zu klein waren und zudem die Nationalsozialisten seine Bilder verbannt hatten.

Die ersten Fahrten über den Hindenburgdamm, die nun gut ein halbes Jahrhundert zurückliegen, habe ich als lange Reisen durchs Meer im Gedächtnis. Heute dauert so eine Wattüberquerung im Zug ganze vier Minuten. Für dieses unterschiedliche Zeitmaß gibt es drei Ursachen. Erstens ist in der Kindheit ohnehin alles größer. Strecken sind länger, und Zeiträume werden zu halben Ewigkeiten. Zweitens ist die reine Wasserstrecke jetzt de facto kürzer, weil der an beiden Seiten angesammelte Schwemmboden den Abstand zwischen der Insel und dem Festland verringert hat. Und drittens sind die Züge heute schneller, als sie es damals waren.

Ein ganz bedeutender Augenblick war jedesmal der, in dem der Zug bei Nösse die Insel erreichte. Nicht nur sahen wir das vom Fenster aus, nein, wir glaubten es auch körperlich zu spüren, was, wenn wir jemandem davon erzählten, meistens als Einbildung oder Aufschneiderei abgetan wurde. Gern hielt man uns dann den Kapitän vor, der seinen Passagieren zu sagen pflegte, soeben sei es über den Äquator hinweggegangen und man habe den Ruck im Schiff ja wohl deutlich mitbekommen. Und doch, ich bleibe dabei, wir Kinder haben das Erreichen der Nössespitze mehr als nur gesehen, und wenn es den Ruck im Zug nicht gab, dann gab es ihn eben in uns.

Ich weiß nicht, ob mein Bruder bescheidener war als andere oder ob er seine Worte ganz unbewußt sprach, jedenfalls sagte er immer, wenn dieser große Moment des Schwellenübertritts da war: »Wir haben die Insel wieder!« Und nicht: »Die Insel hat uns wieder!«, wie man es von soeben Angekommenen meistens hört. Ja, und dann begannen die Ferien, und weil ich von der großen Freiheit erzählen will, muß ich auf Onkel und Tante zurückgreifen und auf die Vetternschar.

Allein schon die Spiele. Das Reetdachhaus stand weit und breit allein da, war nicht – wie heute – von Nachbarn eingekesselt. So war der Schritt aus der Tür schon der in die Weite der Wiesen. Wir zogen los. Kurze Hose, sonst nichts. Und barfuß natürlich, woran meine Füße sich erstmal gewöhnen mußten;

aber das ging schnell. Wir liefen über die Felder, kletterten über die Zäune, durchschwammen die Wasserläufe, die das Wiesenland durchzogen, hielten auf den Deich zu. Wir beobachteten die Vögel, Austernfischer und Rotschenkel, Seeschwalben und Schnepfen, Kampfläufer und Wildenten. Änderten unseren Kurs nur, wenn die aufgeregten Kiebitze uns die Ohren vollschrien, weil wir ihren Nestern zu nahe gekommen waren.

Und dann, kurz bevor wir den Deich erreichten, die große Kuhfladenschlacht, ein Sport, den Stadtkinder sich mangels Munition nun wirklich versagen müssen. Mein ältester Vetter und mein Bruder wählten die Mannschaften aus. Drei gegen drei, und los ging's. Es war ein von allen respektiertes Gebot der Fairneß, bei der Auswahl der Geschosse auf deren Alter achtzugeben. Allzu Frisches war verpönt. Wenn trotzdem vereinzelte Fehlgriffe erfolgten und die Fladen (auf friesisch *Kiisen*) noch nicht die nötige Festigkeit hatten, schmerzte es zwar weniger, aber es war dann auch alles andere eher als Ruhm, mit dem die Krieger sich bekleckerten.

Später, auf dem Deich, das Austragen letzter kleiner Scharmützel. Nicht mehr mit Kuhfladen, sondern mit den handlicheren Schafsköteln (auf friesisch *Sjipluurter*). Die Deichböschungen waren ja – und sind es noch heute – die Domäne der Schafe. Im einen wie im anderen Falle hatten wir wegen der verwendeten Wurfgeschosse keinerlei hygienische Bedenken, denn es war noch gar nicht lange her, daß die Sylter die *Kiisen* und *Luurter* sammelten und zu Hause stapelten, um damit ihre Öfen und Herde zu heizen. Sie brannten so gut wie Torf.

Schließlich, nach dem Kampf, das wohltuende Bad im Rantum-Becken, das auch bei Ebbe nicht leerlief, weil es für die Nutzung von Wasserflugzeugen separat eingedeicht worden war. Nach dem Krieg wurden die Schleusen zerstört, so daß der einstige Seeflughafen teilweise verlandete. Heute ist das etwa fünfhundertsechzig Hektar große Gebiet ein Vogelreservat.

Dort also kühlten wir unsere Wunden, denn wenn die Munition auch harmlos war, so konnte sie doch recht scharfe Ecken und Kanten haben und uns kleine Verletzungen zufügen.

Lange Sommerwochen verbrachten wir dort draußen, morgens hin, abends zurück. War der Proviant vorzeitig ausgegangen, so tranken wir Milch, holten sie uns von den Kühen direkt in den Mund. Auch dieses Erlebnis, unter einem prallen Euter zu liegen und von melkflinken Vetternhänden gelabt zu werden, war durch und durch unstädtisch. Wann traf man in Lübecks Straßen schon mal auf eine Kuh?

Wir fühlten uns frei auf unseren Streifzügen durch die Sylter Wiesen, und jetzt greife ich einen Tag heraus, an dem dieses Gefühl der Freiheit allzu sichtbar Ausdruck finden sollte. Ein Sommerdatum natürlich, das ich nicht mehr genau im Kopf habe, von dem ich aber noch weiß, daß es dem Ferienende bedrohlich nah war. Rückkehr ins Haus nach einem Tag voll Weite, Glück und Wind, um es mal mit Rilke zu sagen. In diesen Ferien war mein Bruder nicht dabei. Wahrscheinlich hätte er meinen außer Kontrolle geratenen Drang nach noch mehr Freiheit gestoppt.

Große Runde am Abendbrotstisch. Meine Tante hatte, wie stets, Nahrung ausgebreitet, als gälte es, eine ganze Schulklasse zu sättigen. Neben vielen anderen Köstlichkeiten gab es sogar mein Lieblingsessen: *Molk Spa*, eine auf Schinken gekochte Milchsuppe mit Grießklößen. Nach dem Essen dann Versammlung im Stall. Mein Onkel stand dort schon bereit, in der Hand das Gerät, mit dem er seinen vier Söhnen die Köpfe scheren würde, auf denen während der Ferien allerlei Wildwuchs gewuchert war.

Mit dem Jüngsten fing er an. Als der fertig war, erkannte ich ihn kaum wieder, wie er so dastand mit seinem völlig nackten Kopf. Der Nächste. Zum Schluß sagte mein Onkel, vermutlich mehr im Spaß, zu mir:

»So, und nun du!«

Bei dieser Aufforderung und meinem etwas verklemmten »Nein!« wäre es wohl auch geblieben, wenn die Vetternschar jetzt nicht die Chance gewittert hätte, meine Ferien mit einem wahrhaft strahlenden Abschluß zu krönen und mich auch äußerlich zu einem der Ihren zu machen. Ich habe sie noch in Erinnerung, die verheißungsvollen Sprüche: »Kannst dir gar nicht vorstellen, wie frei das macht! Hier, fühl mal!« Und wirklich, was ich da berührte, war samtzart wie das Fell eines

Fohlens, und wenn ich auch nicht behaupten will, daß ich die Freiheit direkt ertastete, so konnte ich sie doch erahnen. »Sonst kommen Luft und Sonne nie dahin!« Das war nun wirklich einleuchtend. »Und das blöde Kämmen morgens! Kannst es dir sparen!« sagte mein jüngster Vetter. Hätte er vor dem Wort 'sparen' doch wenigstens ein 'wochenlang' oder etwas ähnlich Alarmierendes eingefügt! Bestimmt hätte ich mich besonnen. Aber nein, er tat es nicht. Und dann kam auch schon die nächste Verlockung: »Und denk mal ans Baden! Wenn du getaucht hast und wieder hochkommst, hängt dir die Mähne nicht ins Gesicht. Hast sofort die Augen frei!«

Und derlei mehr. Kurzum, ich war berauscht von diesen herrlichen Aussichten, setzte mich auf den Stuhl, und klipp-klipp-klipp – das Ding war nicht elektrisch – ging es über meinen Kopf, gleich die erste Bahn ganz durch von der Stirn bis in den Nacken, und damit war's auch schon passiert. Es wäre sinnlos gewesen, meinem Onkel nach dieser ersten Schneise noch Einhalt zu gebieten. Dann hätte man bei meinem Aussehen von Entstellung gesprochen, von Verstümmelung gar. Damals galt ja noch nicht, was heute gilt: daß Clownsköpfe zum Straßenbild gehören. So hielt ich also tapfer durch, fuhr, als ich fertig war, mit beiden Händen über die gelichtete Fläche und genoß tatsächlich in Gedanken all das Schöne, das laut Vetternmund den Reiz dieses Kahlschlags ausmachen sollte.

Doch noch am selben Abend, im Bett, die Ernüchterung. Ich schlief die ganze Nacht nicht, stand immer wieder auf und ging zum Spiegel, haderte mit meiner nicht mehr korrigierbaren Verwegenheit. Am übernächsten Tag die Abreise. Einer der Vettern machte mir ein vielsagendes Geschenk, gab mir zum Abschied seine Mütze. Daß ich sie dankbar nahm, zeigt wohl am ehesten, wie weit ich vom Gefühl der großen Freiheit entfernt war.

Und dann Lübeck. Von meinem Zuhause will ich nicht reden; da spielte sich ja alles im engsten Kreise ab. Aber die Schule! Das teuflische Gelächter und der schrille Spott meiner Klassenkameraden! Zwölf- und Dreizehnjährige gehen mit einem plötzlich in ihrer Mitte auftauchenden Glatzkopf barbarisch um.

Und die Lehrer?

In Musik befürchtete ich natürlich Lieder wie »Der Mond ist aufgegangen« oder »Die güldene Sonne«, aber da kam nur: »Oh, ein Neuer!«

Der Deutschlehrer kommentierte den ungewöhnlichen Anblick überhaupt nicht, dachte ja vielleicht an ein Leiden, an das man besser nicht rührte.

In Bio ging es glimpflich ab.

»Wat hamse denn mit dir jemacht?«

Am schlimmsten war es in Mathematik. Der *Giftzwerg*, wie wir unseren Lehrer nannten, pflegte sonst zu mir zu sagen: »Lieber scheintot im Massengrab zuunterst als dir Mathematik beibringen müssen!« Diesmal sagte er: »Endlich leuchtest auch du mal!«

Insel der Seefahrer

Für Insulaner liegt der Beruf praktisch vor der Haustür, jedenfalls wenn ihnen ein weitreichendes Hinterland fehlt. Sylt ist klein, überschaubar, vor allem schmal. Hinterland hat es nicht. Von keinem Standort aus beträgt die Entfernung zur Küste mehr als drei Kilometer, und so wurde das Meer ganz zwangsläufig Teil des Lebensraumes und in vielen Fällen auch Quelle für den Unterhalt.

Unser Geestboden gibt nicht viel her. Der Chronist Ottsen zieht in seinem 1909 erschienenen Buch *Die Nordsee-Insel Sylt* einen Vergleich zwischen der Rinderhaltung auf der Insel und auf den nur wenige Kilometer entfernten Marschweiden des Festlandes und kommt dabei auf ein Zahlenverhältnis von 1 : 5.

Die Sylter brauchten daher auch schon in frühester Zeit einen Nebenerwerb. Sie betrieben vor allem den Fischfang in heimischen Gewässern, aber bereits zu Zeiten des Grönland-Kommandeurs Lorenz de Haan heuerten Sylter Männer auf Schiffen an, die viel weitere Reisen unternahmen und auch mehr Tonnage hatten als die kleinen zwischen den Inseln und dem nahen Festland verkehrenden Ewer und die daher in größeren Häfen beheimatet waren.

Die Sylter Seeleute gingen vorwiegend nach Hamburg und Altona, musterten jedoch auch auf dänischen, holländischen und norwegischen Schiffen an. Nicht selten waren sie bei der Jagd auf Wale am Fang beteiligt. Damals, wir befinden uns jetzt im letzten Viertel des achtzehnten Jahrhunderts, zog Wohlstand in die Sylter Kapitänshäuser ein. In der vielköpfigen Rantumer Lassen-Familie gab es zum Beispiel zwei Kapitäne, Brüder, die es sogar zu eigenen Schiffen gebracht hatten. »Gold-Lassen« und »Silber-Lassen« wurden sie genannt.

Doch mit der Ausweitung des Seehandels wuchs auch das Risiko, daß politische Ereignisse den Fahrensleuten das Geschäft verdarben, und in der Tat ging dann infolge kriegerischer Auseinandersetzungen, vor allem aber durch die von Napoleon gegen England verhängte Kontinentalsperre für sie eine große Zeit zu Ende. Dennoch hat die Insel bis weit ins zwanzigste Jahrhundert hinein hohe Kontingente an seefahrendem Personal gestellt. O. Ottsen gibt für das Jahr 1769 bei 2 814 Inselbewohnern 700 Seeleute an. Im Jahr 1780 waren es noch 597 und 1792 nur noch 378. Der Amrumer Georg Quedens nennt in seinem Buch *Sylt, wie es früher war* ebenfalls aufschlußreiche Zahlen. Demnach gab es um das Jahr 1800 nicht weniger als 120 Sylter Kapitäne. Ab 1807 ging es, wie oben erwähnt, mit der Seefahrt abwärts, aber später erlebte sie einen neuerlichen Aufschwung. Im Jahre 1825 stellte Sylt 370 Seeleute, davon 16 Kapitäne, und 1840 war die Zahl der von Sylt stammenden Schiffsführer wieder auf 30 angestiegen.

Auch in meiner Familie gab es viele Seefahrer und – das gehört leider dazu – die Trauer um diejenigen unter ihnen, die auf See blieben. Mein Großvater mütterlicherseits ging am 30. August 1923 im Wattenmeer mit seinem Schiff unter. Sein fünfzehnjähriger Sohn, der als Schiffsjunge an Bord war, konnte gerettet werden. Mein Bruder kam am 4. April 1945 beim Untergang eines HAPAG-Dampfers ums Leben. Bei meinem Vater ergab sich die für einen Kapitän ganz ungewöhnliche Konstellation, daß er im selben Ort, nämlich in Keitum, im selben Haus, im selben Zimmer, ja, im selben Bett starb, in dem er geboren worden war. Wenige Tage vor seinem Tod mußte er durchs Radio erfahren, daß sein Schiff bei schwerem Sturm in der Deutschen Bucht mit allen siebenundzwanzig Besatzungsmitgliedern untergegangen war.

Das Leben an der See und auf der See hat zu allen Zeiten seinen Tribut gefordert. Willy Schröder, Kapitän und Lotse, berichtet in seiner Darstellung *Aus der Chronik des Dorfes Morsum* von zwei Schiffsuntergängen, bei denen der Verlust an Sylter Seeleuten sich auf eine besonders tragische Weise potenzierte, denn in beiden Fällen betraf es Schiffe, deren »Fracht« aus Seeleuten bestand, die von der Insel aus zu ihren Schiffen gebracht werden sollten. Beidemal war es der Märzmonat, die Zeit also, zu der alljährlich die Sylter Männer aufbrachen, um nach dem zu Hause verbrachten Winter wieder auf die Reise zu gehen.

1711 sank das Schiff eines Morsumers vor Holland. Der Keitumer Chronist Jens Schwennen schrieb darüber: »Anno 1711 d. 23. Marty ist Schiffer Heiken von Morsum mit sein Schmack (Frachtensegler mit Großmast und niedrigem Besan; Anm. d. V.) mit 85 Persons von Zilt gefahren gedistennert nach Amsterdam und haben es den 24. Marty ungefehr die Klock 12 leider Gottes umgezeilt beoosten Anlant und sind alzu Mahl versoffen.«

Und 1744 war es wiederum so, daß Sylter Männer auf dem Weg zu ihren Arbeitsplätzen den Tod fanden. Unter der Registratur-Nummer 90/360 befindet sich im Sylter Archiv ein Bericht, der vorwiegend auf die Angaben des Morsumers Geike Peters und des Westerländers Hinrich Reinert Hinrichs zurückgeht. Dort heißt es:

»Am 14. März des Jahres 1744 brach der Schiffer Teide Bohn aus Morsum bei östlichem Wind mit seinem Schmack mit 90 Passagieren an Bord von Sylt auf, um nach Amsterdam zu fahren. Sie alle wollten nach gewohnter Weise dort Schiffsdienste suchen, 'wie man redet, Häuren annehmen'. Schon in der folgenden Nacht erhob sich ein so heftiger Sturm aus Südwest 'mit Schneebeuen', daß man umzukehren beschloß. Da es bereits nicht mehr möglich war, das Hörnumgatt zu erreichen, steuerte man längs der Westküste der Insel nordwärts, um dann durch die Listertiefe in das ruhigere Wattenmeer zu gelangen. Um das Ziel schneller zu erreichen, ließ der Schiffer Teide Bohn ... ein Topsegel beisetzen. Am Mittag des 15. März, auf der Höhe von Rantum, etwa 1 1/2 Meilen vom Land entfernt und auf neun Faden Wassertiefe, traf eine heftige Böe das Schmackschiff. Die Wucht des Windes beugte den Mast tief nach der Leeseite hinüber, so daß bei dieser sehr starken Überholung ein ... schweres Ankertau über Bord fiel, weil es ... nicht festgemacht worden war. Es schleppte nun von der Mitte des Schiffes aus auf dem Grund des Meeres nach und brachte im Verein mit der stoßenden Kraft des Sturmes das Fahrzeug gänzlich zur Seite, so daß es kenterte. Nur acht der Passagiere retteten sich auf den nach oben gekehrten platten Schiffsboden und kamen später in dem Beiboot bei Wenningstedt an Land. Ihre Namen sind: Peter Petersen Groot aus Braderup, Peter Ercken und Hinrich Hinrichs aus Keitum und fünf aus Morsum. Alle anderen, 82 an der Zahl und dazu noch der Schiffer und sein Knecht, ertranken. Das Schiff trieb mit dem Kiel nach oben in der erstfolgenden Nacht am Kampener Strand an. Es wurde ein Loch in den Boden gehauen, und alle Leichen wurden unter den Dünen in einer Reihe niedergelegt. Darauf kamen die Angehörigen, und jeder suchte seinen Toten aus der Reihe hervor, um ihn nach Hause zu fahren ... Es soll auf Sylt nie etwas Traurigeres gesehen worden sein als die Gattinnen, die Mütter und Bräute, die unter Weinen und Jammern am Strande nach ihren Männern, Vätern und Söhnen verzweifelt suchten ...«

Im Sylter Archiv gibt es eine Aufstellung der Unglücksfälle, die sich während eines Zeitraums von gut zweihundert Jahren in den Gewässern um Sylt zugetragen haben. Wie uns schon die *Anschreibung der Hueffen* Sylt als eine Region vorgestellt hat, in der das Leben hart und entbehrungsreich war, weil der Boden nicht viel hergab und wieder und wieder vom Sand »überflutet« wurde, so möge die nachfolgende Liste verdeutlichen, daß auch dem Meer der Lebensunterhalt nur unter großen Opfern abzuringen war:

1571

Am 24. April ertranken bei Hörnum 20 Sylter Fischer. Die Sylter unterhielten damals eine Fischerstation am Buder auf Südhörnum.

1571

Jens Schwennen zu Keitum schreibt: »In datouloe Jar was ein Kerkherr tho Morsum gebahren op Sylt, tho Keitum mit Namen Herr Niß und ging Noord uth int Haf wolde sulfft Fische fangen unde verdrunk als de Flot kam went he was allen und de Wegh unbekant.«

1607

Am 26. August ertranken bei Hörnum 45 Sylter Fischer.

1609

Am 2. Juni ertranken bei Hörnum 19 Sylter Fischer.

1668

Am 20. Oktober ertranken bei Hörnum 11 Engländer.

1681

Am 29. November ertranken bei Hörnum 3 Engländer.

1703

Am 13. Dezember strandeten 4 Schiffe am südlichen Strand bei Rantum, und zwar ein aus Amsterdam kommender Westindienfahrer, dessen Ladung einen Wert von 6 Tonnen Goldes gehabt haben soll. Hierbei ertranken 29 Leute der Besatzung, und nur dem Schiffer Jan Jacobs gelang es, sich mittels eines Brettes an Land zu retten. Außer diesem Schiff strandeten in demselben Sturm drei weitere Fahrzeuge vor Sylt, und zwar eine Galliote, ein Muscovierfahrer mit Roggen, Hanf und Jute sowie eine englische Prise. Von diesen Schiffen ertranken ebenfalls 9 Leute.

1724

Am 2. September ertranken bei Hörnum 4 Sylter Austernfischer (Ostseite).

1744

Hier ist das auf den Vorseiten ausführlich behandelte Unglück des Schiffers Teide Bohn genannt.

1751

Am 11. September ertranken unweit von Hörnum 3 Sylter.

1751

Am 11. September strandete am NW-Listland ein Floitschiff aus Holland. Es wollte nach Batavia und hatte Holz, Eisen und Mühlsteine geladen. Ein Mann der Besatzung ertrank bei dem harten NW-Sturm. Diese Ecke des Listlandes, an der der Ostindienfahrer damals strandete, heißt heute noch Ostindienfahrershuk (friesisch Huk = Ecke).

1764

Am 17. April strandete ein Bremer Schiff an der Südspitze von Hörnum. Es war nicht mehr zu bergen, aber die Ladung, die aus Branntwein bestand, wurde an Land gebracht. Für diese Ladung ließ die Bremer Reederei extra ein Lager bauen, das abwechselnd von 4 ehrbaren Syltern bewacht wurde, bis die Ladung abgeholt wurde. Der Landvogt hieß Matthias Matthießen, und der Strandvogt hieß Niß Taken. Um die ehrbaren Sylter laufen manch Geschichten; so sollen sie unter anderem auch Branntwein an die Helgoländer Hummerfischer gegen Hummer eingetauscht haben.

1767

Am 11. Oktober ertranken bei Hörnum 2 Holländer.

1768

Am 29. April ertranken bei Hörnum 2 Föhrer, Mann und Frau.

1771

Am 10. Oktober ist das Schmackschiff des Bleik Bundis vor Sylt gesunken. Die Männer kamen aus Amsterdam. 22 Personen ertranken, darunter waren 10 Sylter Walfänger.

1772

Im Frühjahr strandete ein dänisches Schiff vor Sylt. Es hatte Korn geladen. Das Schiff holte sich der blanke Hans, aber das Korn wurde geborgen.

Der 5. November brachte noch einen Roggensegen für die Insel. Vor Hörnum strandete das von Archangelsk kommende und mit 300 Lasten beladene Schiff. Besatzung und Ladung wurden geborgen, das Schiff aber war verloren. Der Sturm des Novembers ließ noch am 22. ein mit Manufakturwaren beladenes englisches Schiff vor Hörnum stranden. Von der 10 Mann starken Besatzung ertranken 7; das Schiff erlitt Totalverlust. Der Sturm hatte nachgelassen, und so trieb es zwei Sylter aus Braderup am 26. November hinaus, um nach Treibgut Ausschau zu halten. Sie und ihr Ruderboot wurden nie mehr gesehen.

1779

Am 28. Oktober ertrank bei Hörnum ein Hamburger.

1782

Am 7. März fand man bei Hörnum 2 Tote in einem gestrandeten Schiff.

Dieses zweihundert Jahre umfassende Verzeichnis der an unseren Stränden geborgenen Toten hat in der Jetztzeit seine traurige Entsprechung. In fast jedem Jahr ertrinken hier Menschen, meistens Feriengäste, die die Strömungsverhältnisse nicht kennen und unbedenklich ins Wasser gehen. Die an den Badestränden aufgezogenen Warnbälle haben schon ihren Sinn, und man sollte sie stets beachten.

Aber es gibt auch unbeaufsichtigte Strandabschnitte, an denen keine warnenden Zeichen gesetzt werden. An einem solchen Stück Sylter Küste, oben bei List, ging Anfang der fünfziger Jahre ein Student der Pädagogik, der sein Praktikum absolvierte, mit einer Schulklasse, etwa zwanzig Kindern, bei Ebbe ins Meer. Es waren kleine Kinder, die noch nicht schwimmen konnten. Sie stapften durchs flache Wasser und erreichten eine Sandbank. Dort ließ es sich, sozusagen auf einer Insel neben der Insel, herrlich spielen. Dabei verging die Zeit, und im Zeitvergehen lag die Tücke. Die Flut kam, und bald war der Weg zum Ufer abgeschnitten. Beherzt packte der junge Mann das erste Kind, brachte es aufs feste Land, kehrte zur Sandbank zurück, holte das zweite Kind, brachte es ans Ufer, holte das nächste, das übernächste, holte eins nach dem anderen. Als er das letzte Kind auf den sicheren Strand gesetzt hatte, brach er tot zusammen.

Sturmfluten

»Eine furchtbare Bö kam brüllend vom Meere herüber, und ihr entgegen stürmten Roß und Reiter den schmalen Akt zum Deich hinan. Als sie oben waren, stoppte Hauke mit Gewalt sein Pferd. Aber wo war das Meer? Wo Jeverssand? Wo blieb das Ufer drüben? -- Nur Berge von Wasser sah er vor sich, die dräuend gegen den nächtlichen Himmel stiegen, die in der furchtbaren Dämmerung sich übereinanderzutürmen suchten und übereinander gegen das feste Land schlugen. Mit weißen Kronen kamen sie daher, heulend, als sei in ihnen der Schrei alles furchtbaren Raubgetiers der Wildnis. Der Schimmel schlug mit den Vorderhufen und schnob mit seinen Nüstern in den Lärm hinaus; den Reiter aber wollte es überfallen, als sei hier alle Menschenmacht zu Ende; als müsse jetzt die Nacht, der Tod, das Nichts hereinbrechen ...«

So erlebt Hauke Haien in Theodor Storms Novelle *Der Schimmelreiter* die Sturmflut, die seiner Familie und ihm den Tod bringt. Der neue Deich mit dem zum Meer hin sanfteren Profil, sein Werk, hatte gehalten, aber der alte war gebrochen.

»Wer nicht will deichen, muß weichen!« ist ein alter Wahlspruch der Küstenbewohner, und lapidarer kann nicht ausgedrückt werden, daß es fürs Marschland keinen Schutz gibt gegen den Blanken Hans, außer man türmt etwas gegen ihn auf. Bei ganz kleinen Inseln, den Halligen, wird das Prinzip der Eindeichung umgekehrt. Man schüttet einen Hügel auf, eine Warft, baut obendrauf sein Haus und läßt sich bei Sturmfluten vom Wasser umzingeln, hoffend, es bleibe unterhalb der Mauern. Diese Lage ist gemeint, wenn es in den Nachrichten heißt: »Die Halligen melden landunter.«

Schon um das Jahr 1000 hat es in den »Uthlanden«, wie im Mittelalter das heutige Nordfriesland, also die Marschen westlich der Geest und die ihnen vorgelagerten Inseln, bezeichnet wurde, den Deichbau gegeben. Doch damals und dann noch über viele Jahrhunderte hin schuf man Deiche von nur drei bis vier Metern Höhe, und das reichte natürlich nicht aus. Auch fehlte ihnen der Grasbewuchs, der für Festigkeit gesorgt hätte, und überdies hatten sie ein ungünstiges Profil, waren zur Seeseite hin viel zu steil. Das bei Sturmfluten gegen sie anbrandende Wasser hatte es leicht, Erdmassen aus der Böschung zu kolken. Heute sind die Deiche mindestens sechs bis sieben Meter hoch, und seewärts haben sie eine sanft ansteigende Böschung, auf der die heranrollenden Wellen auslaufen können und damit ihre Wucht verlieren.

Aber es ist verständlich, daß die Deiche in jenen Zeiten noch nicht den nunmehr erreichten Standard hatten. Alle Arbeit wurde ja mit den Händen getan. Selbst die Schubkarre kam erst Anfang des siebzehnten Jahrhunderts zu uns. Bis dahin waren Säcke und Körbe die einzigen Transportmittel, und was das an Mühsal bedeutet haben muß, kann man sich eingedenk der gewaltigen Erdmassen, die zu bewegen waren, kaum vorstellen.

In den frühen zwanziger Jahren unseres Jahrhunderts erfüllte der Plan, den Eisenbahndamm zu bauen, die Sylter mit großer Sorge, denn als Folge einer durchs Wattenmeer gezogenen künstlichen Barriere rechneten sie mit erhöhten Wasserständen an ihrer Ostküste. Die Forderung, der zusätzlichen Gefahr durch zusätzliche Schutzmaßnahmen zu begegnen, scheiterte zunächst, und daraufhin beschloß Rantum als die am stärksten bedrohte Gemeinde, für jeden auf die veränderten Wasserverhältnisse zurückzuführenden Verlust von der Regierung Schadensersatz zu verlangen.

Am 1. Juni 1927 wurde auf dem Damm der Eisenbahnbetrieb eröffnet. Knapp anderthalb Jahre später, am 23. November 1928, kam die nächste schwere Sturmflut. Im Norden trennte sie zeitweilig den Ellenbogen ab, und das Nössegebiet wurde zu großen Teilen überschwemmt. Viele Menschen waren in ihren Häusern von der Außenwelt abgeschnitten. In Rantum überflutete das Meer Wohnungen und Ställe. Doch der Bau selbst, der Hindenburgdamm, dem man die Schuld gab für diesen über die Insel hereingebrochenen Notstand, er hielt, wenn er auch stellenweise unter Wasser geriet und ein paar Schäden bekam und die Züge gegen den Sturm nur im Schrittempo vorankamen.

Das Entsetzen der Bevölkerung war groß. Immer lauter wurden die Stimmen, die nach zusätzlichem Schutz, nämlich nach dem Nössedeich, riefen. Aber der Erfolg stellte sich erst sieben Jahre später ein. Die Zustimmung der Behörden hatte man zwar schon vorher erreicht, doch da das Geld fehlte, war der Baubeginn mehrmals verschoben worden.

1935 ging es endlich los, denn nun standen billige Bautrupps zur Verfügung. Die Nationalsozialisten hatten den Reichsarbeitsdienst ins Leben gerufen, eine Organisation, in der achtzehn- bis fünfundzwanzigjährige Männer, obwohl uniformiert, eine Art Zivildienst von sechsmonatiger Dauer leisteten, anfangs freiwillig, später per Zwang. Sie, deren Symbol der Spaten war, stellten den größten Teil der Arbeiterkolonnen, die den Nössedeich errichteten.

Ein schwerer Rückschlag erfolgte bereits im nächsten Jahr, im Oktober 1936, als 22 000 Kubikmeter aufgeschütteter Erde weggespült wurden. Im Herbst 1937 war der Deich endlich fertig und hielt dann dem Meer jahrzehntelang stand, bis er durch die Sturmflut vom 24. November 1981 schwer beschädigt wurde. Danach hat man ihn erhöht und verbreitert und auch Zugangsstraßen gebaut, damit im Notfall Rettungsfahrzeuge schnell vor Ort gebracht werden können.

Ich lebe an diesem Deich. Der Weg von meinem Haus zu dem sechs Meter hohen Wall, der mich schützt, ist ein Spaziergang von wenigen Minuten, und er belohnt mich immer wieder, denn Deich ist Idylle, ist Tummelplatz freilaufender Schafe, ist Vogelparadies. Nur dann und wann trifft man auf einen Menschen; auch wenn er fremd ist, wird ein Gruß getauscht. Und Deich ist Farberlebnis. Da gibt es das grüne, endlos lange, sanft geschwungene Band, davor das weite Grau und oben, jedenfalls bei schönem Wetter, das riesige Blau. Der Blick auf ruhige Flächen tut dem Auge wohl. Gelegentliche Tupfer – dunkle, wenn es Vögel oder Boote sind, helle, wenn Schafe ins Bild kommen – stören den Eindruck der Ruhe nicht, unterstreichen ihn eher. Und Deich ist natürlich auch Lichterspiel, wenn es nämlich Nacht ist und man hinübersieht zu den Leuchtfeuern von Hörnum, Amrum und Föhr.

Aber nicht immer bedeutet der Weg über den Deich Ruhe und Ausgewogenheit und weiten Blick übers Watt. Es gibt andere Tage. Da steht man, zusammen mit Nachbarn, auf der Krone und verfolgt gebannt, wie das Wasser steigt. Längst hat es die am Fuße der Böschung eingerammten Basaltsteine und den Uferweg überspült und ist auch schon den Hang ein bedrohliches Stück emporgeklettert. Man hat den Flutkalender im Kopf, weiß, in den nächsten zwei, drei Stunden wird der Wasserpegel noch steigen. Und dann wartet man. Und hofft.

Bis jetzt hatten wir hier am Nössedeich Glück. Einmal war es, wie schon erwähnt, fast soweit. An manchen Stellen züngelten die Wellen bereits über die Deichkrone, rissen Löcher, die die Rettungsmannschaften eilig mit Sandsäcken stopften. Die verängstigten Schafe, die sich auf der Deichinnenseite zusammengedrängt hatten, waren soeben in Sicherheit gebracht worden, und jeden Augenblick konnte es passieren, daß das aufgewühlte Wasser sich eine Schneise schlug, um dann ungehemmt über die Felder und Wiesen zu fließen und auch vor den Häusern nicht haltzumachen. Doch da sprang der Wind um.

Für den, der an der Küste lebt, ist Heimatgeschichte nicht nur das Wechselspiel von Obsiegen und Unterliegen im Streit der Menschen, sondern immer auch Chronik jenes anderen Kampfes, bei dem der Gegner das Meer ist. Ich weiß noch, daß ich als Schüler Geschichtszahlen stets schnell vergaß, ausgenommen jene der großen Sturmfluten. Da gab es als erste mir bekannte die Julianenflut vom Februar 1164, die 20 000 Menschenleben gefordert haben soll. Dann die Marcellusfluten von 1219, 1267 und 1362, letztere auch bekannt unter dem Namen »Große Mandrenke«, weil durch sie der Überlieferung nach 100 000 Menschen ertrunken sind. Damals ging der blühende

Handelsplatz Rungholt unter. Tausende von Menschen sind auch bei den Allerheiligenfluten von 1532 und 1570 umgekommen, und die große Flutkatastrophe des Jahres 1634, die die Insel Nordstrand zerstörte, soll etwa 10 000 Menschen den Tod gebracht haben. 12 000 waren es dann im Jahre 1717. Bis heute haben sich noch eine ganze Reihe schwerer Sturmfluten ereignet, aber die Zahl der Menschenopfer wurde zum Glück immer kleiner, weil es neuzeitliche Rettungsmaßnahmen gab, so die Evakuierung der bedrohten Küstenbewohner, und auch, weil der Deichbau verbessert worden war. Jedoch ging viel Land an das Meer verloren. So schwemmte zum Beispiel die Flut vom Februar 1825 zwanzig Meter des Kampener Kliffs mit sich fort.

Der 1606 in Husum geborene dänische Mathematiker und Kartograph Johannes Mejer hat den Umriß der Insel Sylt ermittelt, wie er im Jahre 1240 und im Jahre 1648 ausgesehen hat. Auf der frühen Karte ist sie rund wie ein Pfannkuchen, und was sie von anderen Inseln und vom Festland trennnt, sind schmale Wasserstreifen. Vierhundert Jahre später hat Sylt, wie die zweite Karte zeigt, bereits Konturen, aus denen seine heutige Gestalt leicht herauszulesen ist. Der östliche Mittelteil ist zwar noch etwas praller, hängt durch wie der Bauch einer trächtigen Kuh, aber das Wasser im Osten ist schon ein ausgewachsenes Wattenmeer, und die Entfernungen zum Festland und zu den Nachbarinseln entsprechen etwa den jetzigen.

Eine der schwersten neuzeitlichen Sturmfluten war die vom 16. und 17. Februar 1962. In der Deutschen Bucht tobte ein Orkan, der in Hamburg über dreihundert Menschenleben forderte. Auf Sylt richtete er schwere Schäden an. Der Hindenburgdamm war nicht mehr passierbar, und wer es wagte, in den Straßen von Westerland unterwegs zu sein, lief Gefahr, von herunterfallenden Dachziegeln erschlagen zu werden. Wellen von zehn Metern Höhe brandeten gegen den Weststrand an, und der Wasserstand stieg fast dreieinhalb Meter über Normal. Todesopfer gab es auf Sylt nicht, aber Sachschäden in Millionenhöhe und großen Landverlust.

Ich blättere in einem vergilbten Journal

Vor mir liegt eine Ausgabe der *Sylter Zeitung*. Sie trägt das Datum 3. September 1923. Die Jahre haben schon ein bißchen an ihr genagt.

Ich lese den Hinweis, daß das Monats-Abonnement dieses Blattes 400 000 Mark kostet, ein einzelnes Exemplar für 20 000 Mark zu haben ist und eine sechsspaltige Klein-Anzeige mit 100 000 Mark berechnet wird. Es sind Zahlen, die deutlich Aufschluß geben über Deutschlands wirtschaftliche Instabilität zu jener Zeit.

Ich blättere um, erfahre, daß die Mitglieder des spanischen Kabinetts dem König ihren Rücktritt anbieten wollen, und staune über folgende Bekanntmachung der Westerländer Post: Der Preis für Briefmarken wird aus der Multiplikation der Grundgebühr mit einer Schlüsselzahl ermittelt, die sich aus dem Verhältnis der derzeitigen Beamtenbezüge zu denen vom 1. Juli ergibt. Ich erfahre auch, wie in jenem Septembermonat der Sternenhimmel ausgesehen hat.

Dann fällt mein Blick auf die »Fremdenliste des Nordseebades Westerland«. Dort sind für den 28. und 29. August neunzehn Anmeldungen aufgeführt. Die angegebenen Berufe könnten auch einem heutigen Gäste-Register entstammen: Techniker, Kaufmann, Generalkonsul, Volontär, Regierungsrat, Hilfsschwester… Auffällig ist, daß elfmal die Zahl der angereisten Personen mit 1 angegeben ist, viermal mit 2, wobei in drei

Fällen die Ehefrau genannt ist. Reiste man damals ohne Kinder nach Sylt?

Ich überfliege die Familiennamen, entdecke unter ihnen: Nathan, Cohen, Grünbaum. Aber der Alptraum des Dritten Reiches ist ja auch noch zehn Jahre entfernt.

Daß gerade diese Ausgabe der *Sylter Zeitung* in meiner Familie verwahrt wird, ist kein Zufall. Seite 3 trägt den Titel »Die große Sturmflut an Nordfrieslands Küsten«, und die einzelnen Abschnitte des ganzseitigen Berichts haben Überschriften wie: »Sturmeswüten auf der Insel Föhr«, »Wie es bei Hoyerschleuse aussah«, »Die Zerstörung am Dammbau« und »Ein Deichdurchbruch bei Husum«.

Im Vorspann heißt es: »...Die zerrissenen Fernsprechleitungen verhinderten uns bisher, aus dem Sturmgebiet Berichte zu erhalten. Die nun eingelaufenen Hiobsposten entschleiern ein Bild der Zerstörung... Eine ganze Anzahl Menschenleben sind vernichtet, zahlloses Vieh ist ertrunken. Der Ernteschaden ist gewaltig. Zerstörungen an Häusern und Schiffen sind allgemein. Glücklicherweise haben die Deiche bis auf geringe Ausnahmen gehalten. Noch fehlen ... Nachrichten von den Halligen und von der See, und wir müssen uns deshalb immer noch auf manch traurige Botschaft gefaßt machen.«

Nach dieser Einleitung folgt der Abschnitt »Schiffsuntergang auf den Watten«. Ich kenne den Text seit meinen Kindertagen. Er beschreibt, wie der Schiffer Jacob Jacobsen, mein Großvater mütterlicherseits, mit seinem Ewer *Wilhelmine* den Hafen von Husum bei relativ ruhiger See verläßt. An Bord des kleinen Schiffes befinden sich auch noch sein Bruder und sein fünfzehnjähriger Sohn, der als Schiffsjunge mitfährt. Als sie die Tonne 5 bei Hallig Südfall erreichen, kommt ein Sturm auf, der zum Krümper wird, also zu einem von Südsüdost langsam auf Nordwest drehenden und besonders gefürchteten Wind. Er wächst sich aus zum Orkan, dem die *Wilhelmine* nicht standhalten kann. Sie strandet. Für manchen Binnenländer mag das Wort Strandung irreführend sein, wähnt er doch, wenn davon die Rede ist, das Schiff auf dem sicheren Strand und nimmt an, daß die Männer nur von Bord zu springen brauchen.

So ist es längst nicht immer. Stranden, das bedeutet zwar Grundberührung, aber sie kann weit draußen stattfinden. Manchmal ist es eine Sandbank, auf der das Schiff sich festsetzt, oder es läuft auf ein Riff, und wenn die Besatzung es nicht wieder flottzumachen vermag, wird es zum Spielball der tosenden See. Die küstennahen Gewässer können viel gefährlicher sein als das offene Meer. So lag also die *Wilhelmine* fest bei Südfall, und die drei Männer kletterten, um nicht von Bord gespült zu werden, in den Mast, kauerten dort stundenlang.

Sie hatten die Notflagge gehißt, und tatsächlich kam auch ein Schiff, der Regierungsschleppdampfer *Hertha*. Der allerdings hatte seine eigene Not, denn zwei der drei in seinem Schlepp fahrenden Schuten hatten sich losgerissen und trieben weg. So sicherte man erstmal die dritte, ebenfalls gefährdete Schute, und anschließend wurden die Männer der *Hertha* Augenzeugen des Dramas, das sich bei Tonne 5 abspielte. Sie versuchten, bei dem Havaristen längsseits zu gehen, schafften es aber nicht. Ohne helfen zu können, mußten sie mit ansehen, wie eine Welle die Schiffbrüchigen von Bord riß. Die beiden Älteren versanken sofort in den Fluten, doch den Jungen, meinen Onkel Hans Jacobsen, erreichten sie mit einem Bootshaken. Sie holten ihn an ihre Bordwand heran und hievten ihn an Deck, zogen ihm die durchnäßten Kleider aus, rieben ihn kräftig ab und packten ihn in eine Koje.

Später, im Husumer Krankenhaus, fragte ihn der Redakteur der *Husumer Nachrichten* nach dem Hergang des Unglücks. Bei diesem Interview muß der Zeitungsmann ein zwiespältiges Gefühl gehabt haben, denn er selbst hatte, zusammen mit dem Stadtbaumeister von Westerland, gerade diese Reise der *Wilhelmine* mitmachen wollen, doch war den beiden im letzten Augenblick etwas dazwischengekommen.

Er fragte den Jungen, ob er nach dem furchtbaren Erlebnis nicht genug habe von der See, und erhielt die Antwort: »Nee, Schipper will ick doch blieven!« Und das blieb der Gerettete auch. Er wurde Kapitän auf Großer Fahrt.

Nun ein eher heiteres Stück Seefahrt

Die großen Reisen brachten es mit sich, daß die Sylter Männer, so beengt es in ihrem Zuhause auch zugehen mochte, zu einer gewissen Weltläufigkeit gelangten. Die Begegnung mit fremden Kulturen, mit Menschen anderer Rassen, mit einem anderen als dem heimischen Klima und dementsprechend mit ungekannten Formen der Landschaft und der Vegetation, die Möglichkeit und zugleich die Notwendigkeit, Sprachen zu lernen, das alles gab ihnen einen – gemessen an ihrer Schulbildung – beachtlichen kulturellen Fundus. Sie hatten, verglichen mit den Seeleuten unserer Tage, allerdings auch mehr Zeit, sich in den fremden Ländern umzusehen. Wochenlange Schiffsliegezeiten waren nicht selten. Heute dagegen ist ein sechzigtausend Tonnen großer Bulkcarrier in achtzehn Stunden beladen. Was nicht heißt, daß die Kapitäne und Schiffsoffiziere der Gegenwart keine Weltläufigkeit haben. Zunächst einmal gehen sie einen ganz anderen Ausbildungsweg als ihre Kollegen von früher. Sie haben, bevor es mit der Seefahrt anfängt, in der Regel die Mittlere Reife oder das Abitur erworben. Aber darüber hinaus verhält es sich heutzutage mit den weiten Reisen ohnehin anders. Die Welt ist klein geworden, und der Tourismus sorgt dafür, daß man nicht erst Seemann werden muß, um sie kennenzulernen.

Mein Vater und seine beiden Brüder, die ebenfalls Kapitäne auf Großer Fahrt waren, hatten nur die Keitumer Dorfschule besucht, sprachen später aber neben dem Friesischen und Deutschen auch englisch, spanisch und portugiesisch, mithin die Sprachen der traditionellen Seefahrernationen.

Der Hauch der weiten Welt, der auf diese Weise in die friesischen Stuben kam, fand auch ganz konkret seinen Niederschlag, sei es in holländischen Kacheln, die schon früh ihre Wände schmückten, sei es in anderen Mitbringseln, Silbergeschirr aus Mexiko zum Beispiel, Porzellan aus China und derlei mehr. Manchmal bestand das Mitgebrachte auch aus Naturalien wie Bananen, Ananasfrüchten und Kokosnüssen. Einmal brachte mein Vater seiner alten Mem, der Großmutter also, ein Fäßchen Rum von den Westindischen Inseln mit, weil sie den so gern mochte. Aber sie war gelähmt, konnte nur in ihrem Lehnstuhl sitzen und sich nicht selbst bedienen. Der Enkel schuf Abhilfe, indem er das Fäßchen mit einem etwa meterlangen Gummischlauch versah, an dessen freiem Ende die gute Mem fortan fleißig saugte. Tief hat sich mir in der Kindheit das Bild der Urgroßmutter, die ich nicht gekannt habe, eingeprägt als das einer alten, kranken, schließlich aber doch sehr glücklichen Frau, die auf so seltsame Weise am Tropf hing.

In meinem Keitumer Großelternhaus gab es auch einen Papagei, der, als ich Kind war, schon etliche Jahrzehnte auf dem Buckel hatte. Mit seinem Wechsel von Südamerika nach Sylt war ein Wechsel von der spanischen zur friesischen Sprache verbunden gewesen, den er bravourös gemeistert hatte.

Von einem exotischen Mitbringsel ganz anderer Art weiß das Morsumer Kirchenjournal zu berichten. Da erzählt Pastor Martin Ludolph Krohn um die Mitte des achtzehnten Jahrhunderts von einem »getauften Mohren«:

»Die Nachricht, welche ich von diesem getauften Mohren geben kann, habe ich von seinem Herrn, dem Capitain Jan Michelsen d'Jung allhier von Baven-Schellinghörn (Ortsteil von Morsum), erhalten. Dieser Mohr, den sie bis dato Seemann genennet, ist ungefährt Anno 1749 oder 50 geboren, und zwar von heydnischen Eltern an der Küste Guineas in Dettemina. Der Provinzial-Commandant Hinrich Woortmann hat ihn nebst 300 Sklaven an den Capt. Simon Cornelis von Seland im September 1757 verkauft, da dieser Neger etwa 8 Jahre mag gewesen sein. Obenerwähnter Capitain hat diesen Sklaven auf öffentlicher Auction zu Surinam in Amerika an seinen jetzigen Herrn, Capt. Jan Michelsen d'Jung, im Januar 1758 für ungefähr 156 Gülden holl. Courant verkauft, welcher ihn den 12. Mai 1759 zu Amsterdam gebracht und diesen Schwarzen zu Hause darauf nach hier gesandt, so daß er zu Morsum den 11. November 1759 wunderbar gekommen. Diesen Neger hat Capt. Jan Michelsen d'Jung bis dato zu seinen Diensten gebraucht. In der Schule ist er nur 12 Wochen gewesen, inzwischen hat dieser arme Mensch ungemein sich nach den Gnadenmitteln zu seiner Seeligkeit gesehnet, wozu nicht die beste Hoffnung gewesen, endlich aber ward dazu resolviert, und ich habe ihn nach allem Vermögen gelehrt, sowohl mit den anderen Confirmationskindern als auch privatim bis 10. März, da er dann nach freiem Vermögen so gut zunahm, daß ich ihm helfen konnte. Er legte am 11. März vor der ganzen Gemeinde öffentlich Probe ab und antwortete zu aller Anwesenden Vergnügen sehr wohl, worauf ich ihn sogleich taufete, und bekam er den Namen Simon Jansen. Seine Gevattern waren: Jan Michelsen d'Jung, Jens Bahnsen, Ursula Catharina Krohn, meine liebe Frau. Gott erhalte diesen Fremdling zu freien Gnaden ewiglich!«

In den Auszügen *Aus der Chronik des Dorfes Morsum* von Willy Schröder steht ergänzend, daß dieser Schwarze allgemein *suurt Paul* genannt wurde, schwarzer Paul. 1770 soll ihm ein unehelicher Sohn geboren worden sein, der auf den Namen Knut Simons getauft wurde.

Im Zusammenhang mit Pastor Krohns Bemühung, einen Schwarzen aus Guinea, der sich »ungemein nach den Gnadenmitteln gesehnet hat«, der Taufe und der Konfirmation zuzuführen, kommt mir die Plage in den Sinn, die die Kirche im frühen Mittelalter gehabt hat, als sie die Friesen zum Christentum bekehren wollte. Dieser Volksstamm ist ja nun mal von Anfang an recht eigensinnig gewesen, und so hatten die Missionare mit ihm weiß Gott kein leichtes Spiel. Man denke nur an das schreckliche Ende des Bonifatius!

Die Geschichte des »schwarzen Paul« von Sylt hat aber auch ihr Gegenstück. Peter Schmidt-Eppendorf, der in seinem Sylt-Buch *Memoiren einer Insel* Dokumente, Chroniken und Berichte aus tausendundeinem Jahr sprechen läßt, erzählt von Sylter Seefahrern, die in die Sklaverei gerieten. Er beruft sich dabei auf unseren Chronisten Henning Rinken. Einige dieser Männer mußten ihr schweres Los über mehrere Jahre hin erdulden, bis es ihren Familien dann endlich gelang, sie freizukaufen.

Zwei dieser Fälle seien hier aufgeführt, weil sie ein ungewöhnliches, ja, ein geradezu märchenhaftes Ende nahmen. Bei Schmidt-Eppendorf heißt es:

»1724 kam Andreas Frödden aus Wenningstedt in algerische Sklaverei. Während er nun mit niedergeschlagenem Kopfe und Gemüte über seinem Schicksal auf dem Markte zum Verkaufen hingestellt war, klopfte ihm jemand auf die Schulter. Er sah sich um und erblickte einen großen bärtigen Türken, der ihn zu seinem Erstaunen fragte: *'Best dü ek en Söllring?'* (Bist du nicht ein Sylter?) Der Fragende war Jens Baathen aus Archsum, der, in Gefangenschaft geraten, die mohammedanische Religion angenommen hatte und später ein freier Mann geworden war. Er half dem Gefangenen, bald seine Freiheit zu erhalten.«

Und: »1746 geriet Tham Thamen, geboren zu Kamp auf Sylt, in afrikanische Sklaverei, nahm die mohammedanische Religion an und kam in glücklichen Umständen ins Innere des Landes. Etwa 1770 haben Sylter ihn in Alexandrien als einen Beglerbeg (Fürsten) mit großem Gefolge angetroffen.«

Der Wandel

Wohl selten zuvor haben Bewohner eines kleinen, in sich geschlossenen Landstrichs hinsichtlich ihres Broterwerbs einen so krassen Wandel durchlaufen wie die Sylter. Früher lebten sie weitgehend davon, daß sie in die Fremde fuhren; heute gewinnen sie ihren Unterhalt dadurch, daß die Fremden zu ihnen kommen.

Für gewöhnlich geht einem solchen Wandel eine Veränderung des Lebensraumes voraus. Die aber hat auf Sylt nicht stattgefunden, denn Wasser, Strand, Dünen , Heide, Wiesen und nicht zuletzt die heilsame Luft, das alles ist schon immer dagewesen. Nur: Eines Tages wurde es als etwas Besonderes entdeckt, und das leitete den großen Wechsel ein. Man ist verführt, auf ähnliche Fälle zu verweisen, bei denen ein Stück Erde plötzlich allgemeine Beachtung fand, weil der ihm innewohnende Reichtum erkannt worden war: Kohle, Öl, Gold, Silber, Kupfer und was es sonst an Bodenschätzen geben mag. Auch da ist die Kostbarkeit immer vorhanden gewesen und dann irgendwann entdeckt worden. Dennoch hinkt der Vergleich, denn diese Schätze waren versteckt; die von Sylt nicht. Sie lagen obenauf, sichtbar für jedermann. Also hat es, was Sylt und seinen Reiz betrifft, einen Wandel anderer Art gegeben. Ein kleines Bild, mit wenigen Worten entworfen, soll ihn verdeutlichen: Lorenz de Haan und seine Zeitgenossen gehen an den Strand, ziehen sich aus, stürzen sich in die Brandung, schwimmen vergnüglich eine halbe oder auch eine ganze Stunde, tollen im Wasser herum, kommen wieder heraus, legen sich bäuchlings in den Sand und sonnen sich, drehen sich nach einer Weile um, weil auch Gesicht, Brust und Bauch braun werden sollen. Eine wahrlich abwegige Vorstellung! Ich selbst habe noch Inselkapitäne gekannt, die nicht einmal schwimmen konnten.

Ein erstaunlich frühes Datum für die Preisung der heute so begehrten Nordseeluft nennt Henry Koehn in seinem Buch *Die nordfriesischen Inseln.* Da ist zwar eine Nachbarinsel gemeint, aber die Aussage ist ohne Einschränkung auch auf die Insel Sylt anwendbar. Der Verfasser zitiert den Chronisten Peter Sax mit dessen schon 1637 getroffener Feststellung: »..., daß auf Föhr eine frische und gesunde Luft und wegen der Geest und Marsch eine feine temperierte Aeris-Konstitution sei, daß es daher zu allen Zeiten gute gesunde Leiber hat gegeben.«

Trotz dieser frühen balneologischen Erkenntnis setzte eine systematische Nutzung des Meeres zu Gesundheitszwecken erst viel später ein. Etwa um die Mitte des achtzehnten Jahrhunderts wurden, nachdem sich schon zweitausend Jahre vorher die alten Griechen und Römer ihrer Seebäder erfreut hatten, Meerwasser und Meeresluft als Regeneratoren verbrauchter Körperkräfte wiederentdeckt. Vor allem die Engländer waren damals führend auf diesem Gebiet. Professor Heinrich Pfleiderer, langjähriger Direktor des Instituts für Bioklimatologie und Meeresheilkunde auf Sylt, nennt in dem von M. und N. Hansen herausgegebenen Buch *Sylt, Geschichte und Gestalt einer Insel* als Gründe für diese Vorreiterrolle der Engländer die Industrialisierung und die in ihrem Gefolge entstandenen Krankheiten Skrofulose, Tuberkulose und Rachitis. Er führt den englischen Arzt Richard Russel an, der herausfand, daß zum Beispiel die Skrofulose am Meer ausgeheilt werden kann.

An dieser Stelle sei auf einen ebenso tückischen wie tragischen Zusammenhang hingewiesen. Die Industrie also war es, die die genannten Krankheiten hervorrief. Doch Gott sei Dank gab es das Meer, um Abhilfe zu schaffen. Heute ist die Industrie darauf und daran, uns ausgerechnet diesen Wunderheiler umzubringen. Wenn ich im Rundfunk oder im Fernsehen die Nachrichten höre, bestürzen mich immer wieder die ungeheuren Zeiträume, die man der Industrie für ihre giftigen Einlässe ins Meer beläßt. Man nennt zwar Maßnahmen, ordnet sie aber erst für zwei, drei oder gar fünf Jahre später an und gewährt auf diese Weise den Verursachern des Schadens einen tödlichen Vorlauf. Das kommt mir jedesmal so vor, als wäre da ein Kind in den Brunnen gefallen, und die an seinem Rand stehenden Männer versuchten, die erstarrte Mutter mit den Worten zu beruhigen: »Keine Angst, wir holen es übermorgen wieder raus!« Gibt es, wie bei so vielem, was irgenwann in Gang geraten ist, auch im Zusammenspiel von Industrie und Volkswirtschaft das Trägheitsgesetz? Den langen Bremsweg zwischen Schreck und Stop?

Für die Deutschen entstanden 1794 im mecklenburgischen Doberan und drei Jahre später auf der Insel Norderney erste Seebäder. Auf Föhr wurde das Seebad Wyk im Jahre 1819 eröffnet. Sylt folgte erst dreieinhalb Jahrzehnte später mit der Gründung Westerlands als Seebad im Jahre 1855.

In jenem ersten Jahr hatte die Insel einhundert Besucher, zehn Jahre später waren es eintausend, 1884 dreitausend, 1890 siebentausend und 1895 zehntausend. Bald nach der Jahrhundertwende stieg die Zahl auf über zwanzigtausend an. Diese frühen Sylt-Gäste konnten nur per Schiff anreisen, zum einen – das aber erst seit 1897 – mit den Bäderschiffen, die Hörnum anliefen, zum anderen mit den kleinen Schiffen, die zwischen dem Festland und dem Ostufer der Insel verkehrten. Deren Anlegestation befand sich auf Nösse, der langen, ostwärts gekehrten Nase. Seit 1859 bestand dann eine Schiffsverbindung zwischen dem dänischen Hoyer und dem Munkmarscher Hafen, von wo die Angekommenen mit einer Kleinbahn nach Westerland weiterbefördert wurden.

In den folgenden Zeiten erlebte der Gästezustrom einen mächtigen Aufschwung, der allerdings durch die beiden Weltkriege unterbrochen wurde.

Der Bau des Hindenburgdammes hat sich auf den Fremdenverkehr günstig ausgewirkt. Ob aber, übers ganze gesehen, der Damm Sylt zum Segen gereicht, ist – zumindest bei den Insulanern – umstritten, und das weniger in der Weise, daß die einen für, die anderen gegen ihn eingestellt sind, nein, häufig spielt sich der Widerstreit in ein und derselben Brust ab. Man leidet, wenn die allsommerliche Blechlawine heranrollt, und weiß doch, daß sie die Gäste bringt, von denen man lebt.

Ich habe es an anderer Stelle schon einmal gesagt: Wo die Idylle zum Markt wird, büßt sie sich selber ein. Wir haben nun mal diese schöne Insel und preisen sie auf Touristik-Messen und ähnlichen Veranstaltungen an. In dem Maße aber, wie unserer Lockung gefolgt wird, geht das Idyllische verloren. Zum Glück kommen die Scharen nicht überallhin. Es gibt selbst in der Hochsaison abgeschiedene stille Plätze. Da ich jetzt fortfahren will, man müsse nur nach ihnen suchen, stockt mir die Hand, denn was, wenn alle diesen Rat befolgen? Es ist, obwohl überzeichnet, doch auch bezeichnend, daß Sven Simon in seinem Sylt-Buch für das Kapitel »Das erste Hotel« den Zusatz gewählt hat: »Der Untergang beginnt.«

Ja, was wäre, wenn wir den Damm nicht gebaut hätten? Ich weiß es nicht. Und überhaupt: »Her es en skellem...« *Hätte* ist ein Schelm...

Dazu, daß wir dem Damm mal so richtig eine lange Nase machen, kommt es in sehr strengen Wintern, die allerdings immer seltener werden. 1963 war ein solcher mit Januartemperaturen von mehr als zwanzig Kältegraden. Da fror das Wattenmeer zu, und viele Autofahrer wählten den Weg übers Eis, fuhren am Damm entlang und winkten fröhlich hinüber zu den fast leeren Auto-Waggons. Ein paar aufgeweckte Festland-Kinder witterten Gewinn, stellten sich dort, wo die Autos bei Erreichen des Kontinents ein kleines Stück privaten Grund und Boden überqueren mußten, wie Zöllner an den Wegrand und kassierten eine Gebühr. Sie betrug allerdings nur einen winzigen Bruchteil dessen, was die Bahn verlangt.

Die Frage, ob Sylt irgendwann einmal, wie die dänische Nachbarinsel Röm, eine Straße zum Festland bekommt, stellt sich nicht, es sei denn, die Bundesbahn baut sie, und das wird sie bestimmt nicht tun. Andere Bauherren kommen dafür nicht in Betracht, jedenfalls nicht, solange es darum geht, die Straße direkt neben den Bahnkörper zu legen. Der Erbauer des Dammes hat damals in kluger Voraussicht die lateralen Streifen miterworben. Aber etwas anderes hat die Bahn gebaut: ein zweites Gleis. 1972 wurde es in Betrieb genommen, und so konnte von da an der Autotransport etwas zügiger abgewickelt werden. Für den Gast ein Vorteil, weil die Wartezeiten sich verkürzt haben, für die Sylter wieder mal ein Grund zu zähneknirschender Freude.

Wir sprechen vom Wandel, und dazu gehört auch die Frage, was denn durch ihn gewonnen wurde und was verlorenging. Ohne Zweifel hat die Sylter Bevölkerung es heute besser denn je. Nicht wenige Stücke des kargen Bodens von einst sind zu teurem Bauland geworden. Mancher Landwirt, der sich früher auf seinen Feldern abrackerte, nutzte die Gunst der Stunde, und so wurden nicht selten aus einem dürftigen Hektar zehntausend saftige Quadratmeter, deren Preis in der bundesdeutschen Tabelle ganz oben rangiert.

Doch nicht allein der Verkauf von Grund und Boden brachte den Wohlstand. Man konnte auf dem ererbten Acker auch selbst bauen. Wer baut, schafft Quartiere, und wer Quartiere besitzt, hat sein gutes Auskommen auf einer Insel, die mittlerweile fast fünf Millionen Übernachtungen pro Jahr verzeichnet. Und es ist ja nicht das vermietete Bett allein, das Geld einbringt. Wer hier Gast ist, will seine Ferien so ausgiebig wie möglich genießen, und dafür zahlt er.

Ja, er zahlt für Bett und Bad und Brot und Bier und hundert Dinge mehr. Die Sylter verkaufen es ihm, und ihr Gewinn ist ungleich größer als der in den vergangenen Jahrhunderten durch Seefahrt, Feldarbeit und Fischfang erzielte. Aber gibt es nicht auch einen Verlust? Leider ja.

Der Berufswechsel der Sylter hat sich ergeben, weil das Stück Land, auf dem sie saßen, ihnen im Laufe der Zeit andere, bequemere und ergiebigere Möglichkeiten des Broterwerbs anbot als zu früheren Zeiten. Es wäre wider jede Vernunft gewesen, wenn sie diese Offerte nicht angenommen hätten, sondern Seefahrer und Bauern geblieben wären, ausgerechnet Vertreter zweier Berufszweige, die es in einer Zeit der ausgeflaggten Schiffsflotten und der EG-Gesetze ohnehin schwer haben.

Dichter-Worte tun weh, sobald ihre Wahrheit bitter ist und der Leser spürt, daß sie auch ihm, ihm ganz persönlich, gelten. Trotzdem möchte ich ein solches zitieren. Theodor Storm sagt:

»Der eine fragt: Was kommt danach?
Der andere fragt nur: Ist es recht?
Und also unterscheidet sich
der Freie von dem Knecht.«

Wenn da ein Kapitän mit seinem Schiff in Seenot gerät, fragt er sich: Was muß ich tun? Von dem Ergebnis seiner Überlegung hängt es ab, ob er Mannschaft und Schiff rettet. Ein Vermieter stellt ganz andere Fragen. Häufig lauten sie:»Recht so?« Oder gar genau wie bei Storm:»Ist es recht?«

Welches Gewicht die Seefahrt selbst für einen Sylter der fünfziger Jahre unseres Jahrhunderts noch hatte, mag eine kleine, sehr persönliche Geschichte erhellen. Mein Vater saß mit einer Handvoll anderer Kapitäne zusammen. Einer fragte ihn:»Und Ihr Sohn? Welchen Beruf hat er?« Da antwortete mein Vater, wie mir später berichtet worden ist:»Er hat keinen; er ist Lehrer geworden.«

Gewiß, das hört sich überheblich an, mehr noch, es wirkt zynisch und ist doch beides nicht. Bestimmt wollte er sich über den Beruf des Lehrers nicht lustig machen; nein, es war nur eben so, daß es nach seiner Auffassung für einen Sylter, der aus einer Seefahrerfamilie stammte, gar keinen anderen Platz geben konnte als die See. Ich habe meinem Vater diesen Ausspruch nicht übelgenommen, denn ich wußte, für ihn war es schmerzlich und zugleich fast unvorstellbar, daß sein Sohn in einer warmen Schulklasse saß und Kindern etwas beizubringen versuchte, statt sich am Kap Hoorn oder an einer anderen heiklen Ecke unserer Welt den Wind um die Nase wehen zu lassen.

Wir leben in einer Zeit, in der die Berufe ohnehin viel von dem Reiz verloren haben, den sie vordem für den einzelnen hatten. Selten genug liegen heute der Tätigkeit, der man nachgeht, Neigung oder gar Berufung zugrunde. Wichtig ist in erster Linie der materielle Gewinn. Aber ich will das nicht bewerten, sondern lieber ein zweites Dichter-Wort zitieren. Heinrich Böll sagt:»Geld ist gemünzte Freiheit«. Stimmt man ihm zu, so bekommt der auf Sylt vollzogene Wandel im Berufsleben seiner Bewohner wieder ein ganz anderes Gewicht. Und ein versöhnliches Gesicht.

Schließlich bleibt auch noch festzuhalten, daß die heutigen Sylter ja größtenteils gar nicht von der Insel stammen. Die große Überfremdung, die hier stattgefunden hat, macht jede soziologische Untersuchung zu einem schwierigen Geschäft. Wenn nur noch etwa zehn Prozent der Sylter friesisch sprechen, ist es wohl auch von da her recht unvernünftig, dem Traum von einem großen insularen Seefahrerkontingent nachzuhängen.

Was aber die Trauer über das Verlorene nicht geringer macht.

»Atem von Babylon«

Bei manchen Bewohnern unserer Insel ist ein Phänomen zu beobachten, vor dem der Arzt und Dichter Bodo Schütt in einem Gedicht, das mich schon immer begleitet hat, eindringlich warnt. Zum besseren Verständnis sei gesagt: *Goge* ist die friesische Koseform für Großvater.

Hier der Anfang des Gedichtes:

Goge sagte:
Im Sommer, da tanz nicht, Kind.
Da kommen die Fremden,
und Atem von Babylon schwirrt
über die Insel –
im Herbst sind wir froh.

Atem von Babylon! Wer als Gast auf die Insel kommt, hat ein opulentes Ferienprogramm im Kopf. Er will schwimmen, sich sonnen, wandern, reiten, surfen, segeln. Er will am Abend gut essen gehen und danach vielleicht einen vergnügten Lokalbummel machen. Natürlich will nicht jeder alles, denn wir Menschen sind ja Gott sei Dank verschieden, aber alle wollen irgendwas, und so hat der Einheimische vom Frühjahr bis zum Herbst Bilder genußvollen Lebens vor sich, modische Kleidung, teure Autos, lukullische Gerichte, feuchtfröhliche Feste. Daß es nicht immer dieselben Leute sind, ja, daß ihr Aufgebot sich im Schnitt binnen elf Tagen einmal umgeschichtet hat, darüber denkt er nicht groß nach, ebensowenig darüber, daß die meisten der Gäste zu Hause einen Alltag zu bestreiten haben wie er selbst. Für ihn gibt es einen ganzen Sommer lang den Anblick von Menschen, die aus dem vollen schöpfen, und darin liegt die Gefahr. Man möchte mithalten mit den großen Sprüngen, wobei man übersieht, daß die anderen, sobald ihre Ferien zu Ende sind, auch wieder nur ganz normale Schritte machen. Vor allem die jungen Leute sind gefährdet, dem üppigen Sommerspektakel vor ihrer Haustür nachzueifern. Aber nicht nur sie. Ein trauriges Beispiel für den Wunsch, den eigenen bescheidenen Rahmen zu sprengen, bietet zur Zeit ein Bauprojekt in Kampen.

Dabei fing alles genügsam an. Das Gemeindehaus mit dem schlichten friesischen Namen *Kaamp-Hüs*, ein schönes reetgedecktes Gebäude im Zentrum des Ortes, sollte renoviert und erweitert werden. Vor allem ging es um zwei Maßnahmen, um die Erneuerung des Daches und die Vergrößerung eines Saales für Vortragsveranstaltungen und Festlichkeiten. Veranschlagter Kostenaufwand: 2,4 Millionen Mark. Eine stolze Summe, aber für einen Ort mit magnetischem Namen nicht zuviel, schon gar nicht, wenn dabei auch an das alljährliche Fest der Feuerwehr gedacht ist. Die Feuerwehr ist wichtig. Auf Sylt ist sie doppelt wichtig, denn die weitgehend vorgeschriebene traditionelle Reetbedachung bedarf eines ganz besonderen Schutzes.

Man begann also zu bauen, aber dann geriet da etwas in Gang, was später, als es im deutschen Blätterwald schon vernehmlich raschelte, einen Journalisten veranlaßte, das Grimmsche Märchen »Von dem Fischer und syner Fru« zum Vergleich heranzuziehen, denn mittlerweile waren den Wünschen der Kampener Bauherren mächtige Flügel gewachsen.

Hier ist nicht der Platz, ins einzelne zu gehen. Das haben die Zeitungen schon besorgt und einige von ihnen nicht gerade fair. Festzuhalten bleibt, daß – wie der Frau des Fischers – den Kampenern bei ihren Wünschen das Maß verlorenging. Aber leider schwimmt in ihrer See kein *Buttje* herum, der dieses Wachstum von Wunsch zu Wunsch absegnen könnte, und so haben sie es nun mit den Kosten zu tun, denen natürlich gleichfalls Flügel gewachsen sind. Drei Millionen, vier Millionen, fünf Millionen Mark, immer höher ist die Summe geworden und liegt jetzt bei sechs bis sieben Millionen Mark. Die kleine Gemeinde hat inzwischen ihre Wünsche zurückgeschraubt, aber der Preis ist noch immer viel zu hoch, und es wird sogar erwogen, das Kostbarste herzugeben, was Kampen hat, nämlich Land, um mit dem Verkaufserlös das riesige Finanzloch zu stopfen.

»Atem von Babylon schwirrt über die Insel ...« Daß wir Sylter künftig die Kraft haben werden, dem Sog dieses Atems standzuhalten, das wünsche ich uns. Ein neues Reetdach ist etwas Redliches, und ein Saal zum Festefeiern sprengt nicht den Rahmen, aber ein hypermodernes, mit high-tech vollgestopftes Kongreßzentrum, wie es vielleicht die Hannoveraner im Jahr 2000 brauchen werden, ist nicht nötig für die nur sechshundert Seelen zählende Kampener Gemeinde. Die Gäste bleiben ihr, wenn darauf verzichtet wird, bestimmt nicht weg.

Atlantis

Ein anderer friesischer Turmbau zu Babel drohte uns Anfang der siebziger Jahre. Da faßte eine Stuttgarter Baufirma den Plan, fünfzig Meter vom Westerländer Strand entfernt auf einem Grundstück von zehntausend Quadratmetern ein dreißigstöckiges Hochhaus mit siebenhundert Eigentumswohnungen und einer Tiefgarage für eintausenddreihundert Autos zu bauen. Dieses Projekt war gekoppelt an die Errichtung eines neuen Kurmittelhauses für 16 Millionen Mark, die zur Hälfte mit der Bereitstellung des Grundstücks abgegolten sein sollten. Außerdem war vorgesehen, die Kurzone der Stadt zu sanieren.

Kein Bauvorhaben hat je zuvor oder danach den Syltern einen solchen Unfrieden eingetragen, wie *Atlantis* – so der Name des geplanten Giganten – es tat. Nicht nur in den Amtsstuben, sondern auch in den Privathäusern und auf den Straßen kam es zu Feindseligkeit und Streit. Bald gingen Schlagwörter um wie *Zeitbombe Sylt, Selbstmord einer Insel, Sylt-Bürgerstreich* und *Beton-Pest*. Es kam zu turbulenten Magistratssitzungen, flammenden Leserbriefen und Flugblättern, erregten Versammlungen und schließlich zur Gründung der »Bürgerinitiative Appartement-Baustopp«. Die Befürworter des monströsen Projekts führten vor allem das neue Kurmittelhaus und eine damit verbundene Förderung des Fremdenverkehrs ins Feld, während sich die Gegner von *Atlantis* auf ein Gutachten des Geologischen Instituts der Kieler Universität stützten, nach dem die Untergrund-, Strömungs- und Wellenschlagsbedingungen als so ungünstig anzusehen seien, daß vor einem nur fünfzig Meter landeinwärts geplanten Großbau gewarnt werden müsse. In dem Text war von dem »Druckklotz Atlantis« die Rede, den auch Sandvorspülungen nicht schützen würden.

Andere Gegenargumente kamen hinzu: Wassermehrverbrauch, Kanalisationsüberlastung, Benzingestank, optische Verschandelung und schließlich die Sorge, daß durch die Konzentration von mehr als tausend Appartementbewohnern und ihren Autos auf so kleiner Grundfläche ein Verkehrschaos rund um die Kurzone entstehen würde.

Trotz aller Einwände genehmigte der Westerländer Magistrat das Projekt, und noch einmal gingen die Wogen hoch. Der *Stern* schrieb am 1 .8. 1971:

»Skandal auf der Ferieninsel. Wo jedes Jahr 250 000 Bundesbürger Ruhe und Erholung suchen, gibt es Krach um den Bau des Wolkenkratzers *Atlantis* und anderer Appartement-Riesen. Viele Inselbewohner lehnen sie ab. Die Gegner bekämpfen sich mit Bestechungsvorwürfen, Morddrohungen, Strafanzeigen und Prozessen. Hochhäuser, Massentourismus und Verkehrschaos – so klagen viele Sylter, zerstören den Reiz ihrer Insel...«

Der Spiegel schrieb am 23. 8. 1971:

»Sylt wird zum Ruhrgebiet der Weißen Industrie. Was diese Industrie ausbeutet, sind die Naturschätze der Insel: die Landschaft, das Klima, die Gäste – schier unerschöpfliche Rohstoffe scheinbar. Wenn der Zug den Hindenburgdamm verläßt und über die Nösse-Halbinsel auf Westerland zufährt, kommt er durch eine proletarisierte Landschaft... Die Industrialisierung des Fremdenverkehrs auf Sylt geschieht mit den bekannten Mitteln der freien Wirtschaft. Sie geschieht in einer Landschaft, an deren Erhalt das größte allgemeine Interesse besteht...«

Und Rudolf Walter Leonhard schrieb im *Merian*-Heft 1/24 gar:

»...In zehn Jahren wird es das Sylt der Inselfreunde nicht mehr geben, wenn es nicht gelingt, die Pest der kolportierenden Profitgier zu überwinden und den tödlichen Autostrom zu stoppen. An einem Wochenende im August wird der Rummel so groß, daß viele Besucher sich zurücksehnen nach der Ruhe und dem Frieden der Großstädte, aus denen sie gekommen sind.«

Atlantis wurde nicht gebaut. Die Landesregierung hatte, dem Druck der Bevölkerung nachgebend, ihre Zustimmung verweigert.

United Venture

Sylt, das werden Sie, lieber Leser, schon herausgehört haben, ist für mich in erster Linie das alte Sylt, das der Seefahrer und Bauern, das es heute nicht mehr gibt und dem ich nachlaufe, wo immer die Gelegenheit dazu sich bietet. Und sie bietet sich, sei es durch Gespräche mit meinen beiden friesischen Nachbarn Peter und Karl Matzen, die jeden Vogel im Watt kennen und jeden Prielverlauf und mit denen ich dann und wann Skat spiele, sei es durch die Lektüre alter Texte oder durch Spaziergänge an Strand und Deich. Aber manchmal habe ich den Wunsch, mich noch konkreter in eine Lage zu versetzen, die der meiner Vorfahren zumindest ähnlich ist, auch um sie beschreiben zu können, und was liegt dann näher, als ein Schiff zu besteigen und über die Meere zu fahren? Auf meine jüngste Reise dieser Art will ich Sie mitnehmen. Was, Sie wollen lieber auf Sylt bleiben? Sie meinen, eine Fahrt über den Atlantik habe mit der Insel nichts zu tun? Das hat sie durchaus, denn gerade solche Fahrten waren ja jahrhundertelang das Gewerbe der Sylter. Also, nun kommen Sie schon!

*

Zunächst suchte ich ein Schiff. Es durfte kein Musikdampfer sein, denn der Rummel mit Cocktail-Partys und Bordfesten, mit drei Stewards im Nacken bei jeder Mahlzeit und mit durchorganisierten Tropennächten ist nichts für mich und hätte ja auch dem Sinn meiner Reise widersprochen. Das Schiff, das ich fand, war ganz und gar ein Schiff nach meinem Geschmack. Es war die 74 000 Tonnen große *United Venture* der Lübecker Reederei *Oldendorff*. Sie sollte am 10. Februar letzten Jahres vom holländischen Terneuzen auslaufen. Hinter dem Reiseziel und der Reisedauer stand bis zuletzt ein großes Fragezeichen. Jawohl, das gibt es, und es ist nicht etwa ein Sonderservice für spleenige Schreiber, sondern hängt mit der wilden Trampfahrt zusammen. Der Frachtenmarkt führt nicht selten zu Entscheidungen in letzter Minute. Oder gar zu noch späteren. Es kann passieren, daß ein Schiff erstmal ausläuft und dann irgendwo auf dem Meer die Order bekommt: Quebec oder Tubarão, Sydney oder Kopenhagen, Vancouver oder Hongkong. Das hat natürlich Konsequenzen fürs Reisegepäck; man muß sich auf alle vier Jahreszeiten einstellen. Was die Dauer betrifft, sind drei Wochen ebensogut möglich wie sechs oder mehr.

Terneuzen also. Ich ging an Bord. Daß ich mit der *United Venture* ein echtes Arbeitsschiff unter den Füßen hatte, war sofort zu erkennen. Gigantische Kräne klaubten die Kohle aus den acht Laderäumen und fügten sie dem am Ufer aufgetürmten schwarzen, archaisch anmutenden Gebirge zu. Mit jedem Zugriff schnappten die gewaltigen Schaufeln fünfzehn Tonnen und hievten sie an Land. War ein Laderaum fast geleert, so ließ der Kran einen Bagger hinunter, damit der auf dem Grund des zweiundzwanzig Meter tiefen Schlundes die Reste zusammenschabte. Ein für mich ungewohntes Bild: Da schwebt ein schweres Fahrzeug, das ich nur vom Straßenbau her kenne, durch die Luft und verschwindet im Bauch eines Bulkcarriers.

Ich sehe Besatzungsmitglieder an Deck, lauter Filipinos, muß einen Moment lang an meine Sylter Ahnfrau denken und an das schöne, wenn auch unverbriefte Kapitel über ihre indonesische Heimat, die – wie die Inseln dieser jungen Seeleute – zu Ostasien gehört. Aber da nehmen sie schon mein Gepäck auf und bringen mich zu den achtern befindlichen Aufbauten, deren einzelne Decks wie Hochhaus-Etagen aufeinandergeschichtet sind. Wir verlassen das *Main*-Deck, klettern über *Boats-* und *Officers-*Deck hinauf zum *Captains-*Deck. Dort geht es zu Klaus Tamm, dem Kapitän. Er ist ein Bilderbuch-Seemann von 1,90 Meter Größe, mit blauen Augen und Grauhaar. Wieder schleicht eine Erinnerung sich bei mir ein. Der Mann ist jünger als ich, und dennoch habe ich einen Moment lang meinen Vater vor mir, der genauso groß war, genauso grauhaarig und der auch blaue Augen hatte. Nur daß auf seinen Schultern meistens eine Katze saß.

Klaus Tamm empfängt mich in seinem Salon und sagt: »Willkommen in Onkel Tamms Hütte!« Das kleine Aperçu gefällt mir. Im weiteren Verlauf der Reise sollte ich dann noch erfahren, daß neben dem Kapitän auch seine Offiziere und Ingenieure belesene Leute sind. Sie kennen sich aus bei Grass und Böll, aber genauso bei Tolstoi und Dostojewskij. Und bei Mark Twain, was allerdings weniger überrascht, da der Schöpfer der Tom-Sawyer- und Huckleberry-Finn-Geschichten ja ein Kollege von ihnen war, nämlich Lotse auf dem Mississippi. Sein Pseudonym ist auf diese Tätigkeit zurückzuführen. Mark Twain heißt soviel wie »zwei markieren«, womit das Ankerkettenmaß von zwei Fadentiefen gemeint ist.

Klaus Tamm zeigt mir meine Kabine, und ich staune über ihre Größe, habe einen winzigen Raum erwartet mit platzsparendem Etagenbett. Nichts davon. Dieser mißt mindestens fünf mal fünf Meter, enthält Wandschrank, Kommode, Schreibtisch, Sitzecke, Nachttisch und ein breites Bett. Ich setze mich in einen Sessel, fahre mit der Hand über die leicht erhabene Kante des Tisches. »Die sorgt dafür«, erklärt der Kapitän, »daß die Flaschen und Gläser bei Seegang nicht runterrutschen.« Und dann fügt er hinzu: »Schlecht fürs Kartenspielen. Das Blatt läßt sich nur schwer aufnehmen. Ich hab' schon erlebt, daß ein paar findige Matrosen sich regelrechte Skatschneisen in die Kanten gesägt haben.«

Ich etabliere mich. Manuel, der Steward aus Cabo Verde, hilft mir. Er zeigt auf die Wasserhähne im Bad und sagt: »Das können Sie trinken. Wir haben eine Anlage an Bord, die Seewasser in Trinkwasser verwandelt.« Ich probiere. Kein bißchen Chlorgeschmack, wie ich ihn von so manchem ausländischen Hotel her kenne.

Die erste Mahlzeit und damit neue Begegnungen. Der Chief-Ing., Jürgen Falk, ein humorvoller, aber auch ein kritischer Mann, kennt einen meiner Romane und nennt mir eine Passage daraus, die er anders geschrieben hätte. Ich bin überrascht, denn sein Metier ist doch eigentlich die 25 Millionen Mark teure Maschine, und nun reden wir beide über die verschiedenen Erzählhaltungen in der Literatur, zum Beispiel über den inneren Monolog und den auktorialen Einschub. Ich wünschte mir, ich könnte über die von ihm gehüteten 17 400 PS ebenso kenntnisreich sprechen wie er über Bücher.

Der Erste Offizier ist Inder. Mir fällt auf, daß er etwas anderes auf seinem Teller hat. Ach ja! Er verzehrt also sein Hähnchen, während wir anderen Rindsrouladen essen. Der Zweite Offizier ist ein junger Deutscher aus Danzig, der es übernehmen will, für mich eine Extra-Seekarte mit den täglichen Positionseintragungen zu führen, damit ich zu Haus noch weiß, wann ich wo war. Ich erfahre Näheres über die Zusammensetzung der Crew. Sie besteht aus Deutschen, Indern, Indonesiern, Filipinos, Portugiesen, Jugoslawen, Chilenen, Türken. Die Bordsprache ist Englisch. Es ist schon ein Kuriosum, auf einem unter Singapur-Flagge fahrenden deutschen Frachter mit dem türkischen Bootsmann englisch sprechen zu müssen, um zurechtzukommen. Aber das alles spielt sich ein. Mit Klaus Tamm und dem Chief, dem Zweiten und dem Koch jedenfalls kann ich deutsch reden, und auch die Gespräche mit Manuel und dem Matrosen Fernando, der aus Chile kommt, haben für mich etwas Vertrautes, weil ich lange in Valparaíso gelebt habe.

Der Erste führt mich aufs Navigationsdeck und zeigt mir die Brücke. Sie kommt mir vor wie die Schaltzentrale eines Kraftwerks. Am meisten verblüfft mich das Ruderrad. Um es mit Thomas Manns Worten zu sagen: ein Winzling dahier! Es ist kleiner als das Lenkrad eines Autos. Dabei hab' ich Bilder im Kopf von riesigen Ruderrädern, in deren Speichen die keuchenden Matrosen hängen und gegen die Elemente ankämpfen. Apropos Elemente. Da greif' ich mal eben vor. Auf der Höhe der Azoren hatten wir Windstärke 10, und Käpt'n Tamm brummelte vor sich hin: »Ja ja, der Kampf des Seemanns mit den Alimenten...«

Doch noch einmal Terneuzen. Wir handeln uns einen Tag Verspätung ein. Nebel. Aber nicht, was Sie jetzt denken und was auch ich zunächst denke, daß nämlich unsere *United Venture* wegen der dicken Suppe nicht ausläuft. Nein, ganz anders: Die letzten Löscharbeiten können nicht ausgeführt werden, weil die Kranführer die Lukenränder nicht mehr sehen. Die Gefahr, daß die Greifarme das Deck kaputtschlagen, ist zu groß. Ein zusätzlicher Landtag also, der mir jedoch zustattenkommt, denn der Inspektor der Reederei holt mich noch einmal vom Schiff und fährt mich kreuz und quer durchs Schelde-Umland, zeigt mir auch die Schleuse, die wir mit der *United Venture* passieren müssen. »Das geht nur mit 'm Schuhanzieher«, sagt er.

Am nächsten Tag die Probe aufs Exempel. Wir laufen aus. Und in der Tat: Als die vier Schlepper das Schiff endlich im Schleusenbecken haben, hat der 243 Meter lange und 32 Meter breite Koloß kaum noch Spielraum. An den beiden Seiten sind es nur je siebzig Zentimeter. Klaus Tamm erklärt mir: »Dies ist ein Pana-max-Schiff. Das heißt, es paßt noch so eben hinein in die Schleusen des Panama-Kanals. Da sind es nur zwei Handbreiten, die an Backbord und an Steuerbord verbleiben.« Ich empfinde Respekt vor solcher Präzisionsarbeit, antworte ihm: »Ein Glück, daß die Schuld beim Lotsen liegt und nicht bei Ihnen, wenn es doch mal kracht.« Aber er korrigiert mich: »Irrtum. Der Lotse ist nur der Berater. Die Verantwortung bleibt immer beim Schiffsführer.«

Also wieder etwas dazugelernt.

Endlich auf See. Wir verlassen die Scheldemündung und durchfahren die Straße von Dover. Groß und klein zwängt sich hier durchs Nadelöhr. Am nächsten Tag – wir haben den offenen Atlantik erreicht – wird es spärlicher mit den uns begleitenden und entgegenkommenden Schiffen. Schließlich sind wir allein. Und jetzt ist auch das Fragezeichen hinter unserem Reiseziel verschwunden. Es geht nach Norfolk/ USA, also einmal quer über den Großen Teich und dann mit einer neuen Kohleladung zurück nach Hamburg, alles in allem drei bis vier

Wochen. Obwohl das Ziel für mich nebensächlich ist, freue ich mich, denn an der Ostküste bin ich nur selten gewesen. Also Virginia! Vielleicht sogar mit einem kleinen Landausflug nach Washington, und dort könnte ich das Weiße Haus... Sehen Sie? So schnell ist man der Tourist, der dies noch sehen und das noch fotografieren muß und sich damit unter das Diktat der Attraktionen begibt. Ich rufe mich zur Ordnung, denn was ich will, ist ja das andere, ist die Beobachtung von Menschen in einer Arbeitswelt, die nicht meine ist, aber die meiner Väter war und die ich so beschreiben können möchte, als wäre sie meine. Also besuche ich zwischendurch mal den Koch. Er zeigt mir sein Reich, die blitzsaubere Kombüse mit den vielen zeitsparenden Geräten, das Proviantlager, schließlich den Kühlraum. Eine Weile halte ich es aus in der arktischen Kälte zwischen den von der Decke herabhängenden Tierhälften. Wieder in der Kombüse, hör' ich den Smutje sagen: »Morgen ist Donnerstag, also Seemanns-Sonntag; da gibt's frische Brötchen.«

Ich kehre in meine Kabine zurück, freue mich auf die Brötchen, was kindisch ist, denn heute morgen gab es herrliche Pfannkuchen. Überhaupt, die Mahlzeiten in der Messe! Sie sind meine Uhr, und sie sind Treffpunkt und Gespräch und Information.

Eines Abends sitzen Klaus Tamm, der Chief-Ing. und ich im Kapitäns-Salon, hören die Nachrichten der *Deutschen Welle*, sind entsetzt: In der Biscaya ist der deutsche Frachter *Anna Leonhardt* gesunken, und von der Besatzung fehlt jede Spur.

Die beiden Fahrensleute erzählen mir von überstandenen Stürmen. Ich bin also bei der Arbeit, sauge auf. Mit dem Hurrikan *Gilbert*, mir von den Nachrichtensendungen her noch deutlich in Erinnerung, hat der Chief es hautnah zu tun gehabt. Sein Schiff – er war erst kürzlich auf die *Venture* übergewechselt – war mitten hineingeraten in den Sturm. Windstärken weit oberhalb der Beaufort-Skalengrenze von 12 und anderthalb Tage lang keine Möglichkeit, den gebeutelten Frachter aus dem Hexenkessel zu manövrieren! Die Krängung betrug 46 Grad nach beiden Seiten, und das bedeutete: Das Schiff schaukelte ununterbrochen und durchlief bei jeder dieser Bewegungen die

Spannbreite eines rechten Winkels! Die aus schweren Maschinen bestehende Ladung schleuderte wie Spielzeug hin und her, und die meisten Männer waren sterbenskrank.

In dieser Nacht – haben wir ihn herbeigeredet? – kommt Sturm auf, Stärke 10 bis 11. Da wir im Ballast fahren, also mit gefüllten Seewassertanks, aber leeren Laderäumen, rollt die *United Venture* stärker, als sie es mit vollem Bauch getan hätte. Es ist ein Erlebnis besonderer Art. Die ersten Stunden verbringe ich auf der Brücke. Ich staune darüber, wie klein unser Schiff geworden ist. Im Mondlicht ist er deutlich auszumachen, der Nußschaleneffekt, denn die breite Atlantikdünung geht mit dem voluminösen Kasten um wie mit einem Wasserball. Angst vorm Kentern? Eigentlich nicht. Klaus Tamm hat mir über den Schwerpunkt des Schiffes und das Stehaufmännchen-Prinzip Beruhigendes erzählt. Aber Festhalten! heißt die Devise, wo man geht und steht, und natürlich gilt es, die Außendecks zu meiden. Roald Dahls bissige Geschichte fällt mir ein von dem Passagier, der partout die Etmal-Wette gewinnen und darum das Schiff aufhalten will, also achteraus ins Wasser springt in der Gewißheit, die am Heck stehende Frau schlage sofort Alarm. Pech für den verzweifelt Winkenden, daß sie nicht nur räumlich eine Zurückgebliebene ist.

Ich gehe in meine Kabine, lege mich hin, muß aber gleich wieder aufstehen, weil alle losen Gegenstände sich selbständig gemacht haben. Aschenbecher fliegen trotz der Schutzkante vom Tisch, Apfelsinen rollen über den Fußboden, und die Kleiderbügel sausen hin und her auf ihrer Stange. Und erst das Getöse in den Schubladen! Ich male mir aus, was sich da tut: Meine Bordlektüre, Steinbecks *Reise mit Charly*, schlittert über den hölzernen Boden und rempelt den Wecker an. Die Kugelschreiber spielen gegen eine Mannschaft aus meinen restlichen holländischen Münzen mit dem Radiergummi Fußball, und ein Foul jagt das andere. In der untersten Schublade holt sich mein Fotoapparat, der da als Single wohnt, ein paar Blessuren …

Endlich habe ich alles so gesichert, daß ein Ding das andere hält. Ich lege mich erneut hin und erlebe dann, wie die Gesetze der Physik sich an mir auslassen, an meinem Körper. Ich werde in die Länge gezogen und wieder zusammengedrückt. Wie ein

Haufen Schüttgut. An Schlaf ist nicht zu denken. Also stehe ich wieder auf, will arbeiten. Doch auch das ist unmöglich. Die Schlingerbewegungen mit dem Körper abzufangen, ist nicht das Problem; da setzt bald die Routine ein. Nein, es ist meine Schreibmaschine, die mir zu schaffen macht. Auf dem Papier entstehen keine waagerechten Zeilen, sondern Buchstabentreppen, kurios anzusehen und als Ornament vielleicht ganz brauchbar, aber leider unleserlich. Ich gebe es auf, lege mich wieder hin, und irgendwann gelingt es mir dann doch, mich mit den Gesetzen der Physik so weit zu arrangieren, daß ich einschlafen kann.

Am Morgen habe ich einen gewaltigen Muskelkater. Erklärlich; meine Muskeln waren ja ständig in Aktion.

Die See ist nun etwas ruhiger. Das Schiff wiegt sich nur noch, stampft nicht mehr, und so kann der Kapitän es verantworten, das Schwimmbecken füllen zu lassen. Wassertemperatur vierzehn Grad. Als Sylter bin ich so etwas gewohnt. Die folgenden Tage bescheren mir eine Badesaison in Zeitraffermanier. Das Becken wird immer wieder geleert und neu gefüllt, und mit jedem Tag, der uns dem Golfstrom näher bringt, steigt die Wassertemperatur um zwei Grad. Bis hin zu zwanzig, was wir auf Sylt selten erreichen. Da noch immer leichter Seegang herrscht, hab' ich sogar ein Schwimmbad mit Wellenanlage. Einzige Irritation: Beim Tauchen übertragen sich die Vibrationen der Maschine auf den hin und her schwingenden Wasserblock mit mir darin. Der Kapitän sagt:»Wie die Schüttelmaschine auf dem Jahrmarkt, nicht wahr?« Mir ist eher so, als hätte ich plötzlich ein zweites Herz, das wie wild gegen den Rhythmus des ersten anschlägt. Seltsam ist das, im Atlantikwasser zu zittern, ohne zu frieren.

Die Hinreise geht zu Ende. In Norfolk, so heißt es, wird die Liegezeit nur knapp einen Tag betragen. So schnell lassen sich 74 000 Tonnen Kohle in ein Schiff laden.

Daß Norfolk einen der größten US-Marinestützpunkte unterhält, ist nicht zu übersehen. Da liegen sie, die breitleibigen Flugzeugträger mit je fünftausend Mann an Bord, die Zerstörer, die Torpedoboote, die *submarines,* und ihre makabre Ästhetik läßt mich schaudern. Ich wünschte, es gäbe diese grauen

Schiffe nicht, aber da wäre dann ja noch so manches zu nennen, was es auf unserer schönen Erde nicht geben dürfte.

Auf der Rückreise will ich aber wirklich an die Schreibmaschine. Gleich zu Anfang wird es eine harte Nuß zu knacken geben, denn wer ein Schiff mit schwer arbeitenden Männern beschreibt, sollte auch Auskunft geben über den tieferen, das heißt hier, wirtschaftlichen Sinn dieser Fahrt von Kontinent zu Kontinent. Immer wieder geht es mir durch den Kopf: Kohle aus den USA in die Bundesrepublik? Wieso das? Die ist bei uns doch wahrlich nicht rar! Welche geheimnisvollen Marktmechanismen sind da am Werk? Liegt es allein am billigeren Übertage-Abbau in den Staaten? Ich fürchte, ohne fremde Hilfe kann ich die Antwort nicht finden…

Noch eine Reise

Vor einigen Jahren machte ich für die Zeitschrift GEO eine Reportage über Acapulco, und dabei kam es zu einem kleinen persönlichen Brückenschlag nach Sylt. Aber davon soll später die Rede sein. Zunächst ein paar allgemeine Beobachtungen:

Die Strände hier bei uns sind sauber, dort eher verkommen, aber verkommen im Sinne von Vergehen, was welkende Palmwedel und modernde Kokosnußschalen nun mal tun.

Die Ufervegetation. Hier die unendliche Mühsal, Pflanzen im Sand überhaupt anzusiedeln, dort Palmen und Mangroven und die betörende Palette tropischer Blüten.

Sind Strände erst für den Tourismus entdeckt, so kommt es meistens zur Urbanisierung der hinter ihnen liegenden Zonen. Auf Sylt vollzog sie sich behutsam, in Acapulco vehement. Der kleine Fischerort aus den vierziger Jahren ist heute eine Millionenstadt.

In Westerland ist die Strandpromenade immer in Ordnung, ja, geradezu adrett, in Acapulco der viele Kilometer lange Küsten-Boulevard lärmerfüllt, stinkend, pittoresk, vital.

Weiter einwärts: Hier die Fußgängerzone mit ihren Geschäften, die – ob es nun um Kleider, um Schuhe, Schmuck oder Kosmetik geht – in ihrem Sortiment die großen Namen führen. Dort ebenfalls elegante Läden mit Luxusartikeln aus London, Rom und Paris. Aber auch der kleine Handel hier wie dort, Straßenverkäufer, Eisdielen, Boutiquen. Dort außerdem die bunten indianischen Märkte.

Das Wasser. Bei uns ohne Zweifel sauberer als in der Bahía, aber natürlich viel kälter. Die Gäste: auf Sylt vorwiegend aus dem eigenen Land, drüben international, mit besonders großen Kontingenten aus den USA und aus Kanada. So könnte man fortfahren und käme doch immer nur dahin, daß beide Plätze den Rang haben, der sich aus ihrem Zuspruch ergibt, und der ist hier wie dort groß.

Um für meinen Bericht gut gerüstet zu sein, besuchte ich auch die örtlichen Persönlichkeiten, und zu denen gehörte »Mister Acapulco«. Wer das ist?

Das ist Teddy Stauffer, Musiker, Maler, Sportsmann, Globetrotter, Nachtclubbesitzer, Kosmopolit, Frauenheld und Schöpfer der berühmten Felsenspringer von Acapulco. Es blieb nicht bei einem Treffen, denn wir hatten ein gemeinsames Thema: Sylt. Unsere Insel war eine der vielen Stationen dieses Mannes, der in den dreißiger Jahren als band-leader die Gäste des Westerländer *Trocadero* mit »Panama« und »Tiger-Rag« begeisterte. Sein Swing war der Sound jener Zeit.

Teddy Stauffer zeigte mir sein Restaurant, seine Bar und seinen Tennis-Club *Villa Vera*. Und er erzählte mir vom frühen Acapulco, aber zwischendurch landeten wir im Gespräch immer wieder bei Sylt.

Zum Abschied bekam ich seine Autobiographie. Sie hat den Titel *Forever is a hell of a long time.* Er schrieb mir eine schöne Widmung hinein. Auf der nächsten Seite fand ich dann die andere, die gedruckte.

Sie lautet:

»This book is dedicated to
Alberta, Alice, Amparo ...,
Barbara, Bella, Bonita ...,
Camilla, Charlotte, Chloe ...,«

Alphabetisch geordnet und endend mit Yvonne, Zayne und Zita sind da mehr als hundert Namen aufgeführt, auch ein paar nordische darunter. Ewige Treue wird er keiner der Frauen geschworen haben, denn *Für immer ist eine höllisch lange Zeit*.

Ein Sylt-Sommertag

Ich will notieren, wie er verlief, müßte also mit dem frühen Morgen beginnen, mache das Gegenteil. Es ist halb elf am Abend. Ich komme grad aus dem Garten und bin noch ganz trunken. Nicht vom Rotwein, sondern vom Weinrot. Wirklich, so hab' ich ihn selten erlebt, unseren Sonnenuntergang. Er ist sonst eher gelblich oder orange, ist feuerfarben, aber nicht wie die Glut, sondern wie die lichtere Flamme, meistens noch mit einem Rest jener stechenden Grelle, die den Augen weh tut. Heute war er dunkelrot mit einem Stich ins Blau, hatte etwas Schweres. Vielleicht ist mir deshalb der Wein eingefallen.

Manchmal wetteifern die Leute mit ihren Sonnenuntergängen, brüsten sich mit ihnen, als hätten sie sie gemacht. Ich bin, wie Sie sehen, auch nicht frei davon. Es ist nicht das Rot allein, das die Schwärmerei auslöst, nein, großen Anteil an dem imposanten Bild hat das Vorfeld, und als besonders geeignet erweist sich da immer wieder das Meer, weil es – Täuschung hin, Täuschung her – einen idealen Ort fürs Eintauchen abgibt.

Wer jedoch, wie ich, vom Morsumer *Uasterjen* (deutsch: Osterende) aus nach Westen sieht, um den Sonnenuntergang zu erleben, hat dieses Vorfeld aus Wasser nicht, statt dessen grüne Wiesen und gelbe Kornfelder. Im Abenddämmer sind die Farben schon ein bißchen nachgedunkelt, aber noch erkennbar, und zusammen mit der Sonne geben sie ein aufregendes Bild ab, besonders dann, wenn die Pferde meines Nachbarn durch das Rot laufen, wie eben geschehen. Ein faszinierendes Schattenspiel!

Zugegeben, mit einem Meer davor ist der Sonnenuntergang elementarer, archaischer, aber so einen könnte ich mir ja auch beschaffen, brauchte nur auf die andere Inselseite überzuwechseln. Auf Sylt hat man die Auswahl, und wer am nächsten Morgen um vier schon wieder aus den Federn kriechen mag, kann dann noch – am Wattenmeer – das östliche Gegenstück haben. Auf einer Insel lebt man näher an der Sonne als anderswo.

Apropos vier Uhr. Sonst holt der Wecker mich um sieben aus dem Schlaf. Heute war es anders. Da krächzte ein Fasan mich wach, um Viertel vor sechs. Aber einem solchen Vogel kann man nichts übelnehmen. Ich sah aus dem Fenster. Erhobenen Hauptes stand er auf dem Rasen, als wär's seiner. Ich ließ ihn in dem Glauben, sorgte erstmal fürs Frühstück, fuhr zum Bäcker. Das ist nicht irgendein Bäcker, sondern einer, der – gleich mir – unter Fernweh leidet und sich darum in der Nähe von Rom ein zweites Haus gebaut hat. Für ihn ist es die Krönung des Daseins, im Oktober, wenn die Saison zu Ende ist (»Im Herbst sind wir froh ...«), dort an seinem Klavier zu sitzen und zu musizieren. Doch was er backt, ist auch nicht ohne, hat guten Ruf. Sein Brot geht in zwanzig deutsche Städte.

So früh am Morgen bin ich mit ihm allein im Laden. Zwei Stunden später wird die Menschenschlange über den Vorplatz hinweg bis auf die Straße reichen.

Jens Kuk (*Kuk* = Kuchen) und ich sprechen friesisch miteinander. »Mohnbrötchen« allerdings muß ich auf deutsch sagen, weil die alten Sylter so etwas nicht kannten und es folglich dafür keine Bezeichnung gibt. Aber *Suurtbruar* (Schwarzbrot), *Molk* (Milch) und *Fletten* (Sahne) kann ich so kaufen, als wär's vor hundert Jahren.

Wieder nach Haus, Frühstück und dann an die Arbeit! Ich komme gut voran, schaffe mehr als sonst, was ich dem Fasan verdanke. Doch um zehn Uhr ist die Hölle los. Die Schwarzbunten meines Nachbarn. Nicht desselben, dem die Pferde gehören, nein, es ist der von der anderen Seite. Da weiden fünf Bullen, alle gut im Futter. Zum Glück wissen sie nicht, was auf sie zukommt, wenn der Sommer zu Ende geht. Zur Zeit jedenfalls erfreuen sie sich noch ihrer ungebrochenen Vitalität.

Ich gehe hinaus, angelockt von ihrem Gebrüll. Da stehen schon ein paar Leute am Weg und sehen sich das Drama an. Eine Tiertragödie scheint sich abzuspielen. Oder auch eine Komödie. Nein, ich glaube, es ist eine tragikomische Burleske. Den Bullen gegenüber, auf der anderen Seite des Weges, grasen Kühe, alle noch ganz jung. Zu jung, um auf dumme Gedanken zu kommen. Aber eine von ihnen, ausgerechnet die kleinste, fast noch ein Kalb, ist wohl doch schon ein bißchen neugierig gewesen und hat es geschafft, zwei Elektrozäune zu überlisten, den ihrer eigenen Fenne und den, der die Bullen in Schach hält. Ja, und da sieht sie sich nun inmitten der derben Männerwelt und weiß gar nicht, wie ihr geschieht, denn sofort kehren die Jungs den Macho heraus. Mein Gott, geben die an! Sie bölken, schubsen sich gegenseitig weg, und wer grad die Oberhand hat, bedrängt das hilflose Mädchen. Ist das ein Gewoge von schwarzweißen Rinderrücken! Wie hohe Bootsborde, die der Sturm gegeneinanderschleudert, und mitten darin die kleine Verirrte, Verwirrte. Sie kann sich kaum bergen vor so viel Ungestüm, geht immer wieder zu Boden in der Hoffnung, dort wäre sie sicher. Doch kaum liegt sie, da stochern die rauhen Gesellen sie wieder hoch. Endlich kommt der Bauer. Er hat ein paar unerschrockene Helfer mitgebracht. Es gelingt ihnen, die Bullen in ihre Schranken zu verweisen und die Kleine aus der Gefahrenzone herauszuschleusen und den Ihren wieder zuzuführen. Ich kehre zurück an meinen Schreibtisch.

Kurz vor Mittag ein paar Telefonate von außerhalb. Jeder will erstmal wissen: Wie ist denn das Wetter auf der Insel? Ich gebe Auskunft, kann bei fünfundzwanzig Grad Lufttemperatur, strahlend blauem Himmel und leichtem Südwest ein Top-Wetter liefern, und so kriege ich in zwei Fällen zu hören: Halten Sie es fest, wir kommen dann und dann ... Nun, festhalten läßt das Wetter sich nicht, und wenn es doch ginge, würde ich es nicht tun; schließlich brauchen wir gerade im Sommer auch Regentage.

Mittagessen, Ruhepause, Weiterarbeit.

Um fünf ist Feierabend. Da lasse ich zwar nicht – wie man es so böse vom Maurer und der Kelle sagt – die Schreibmaschine runterfallen, was ihr wohl auch schlecht bekäme, aber im großen und ganzen halte ich mich an diese Zeit, abgesehen von einer dann und wann anberaumten Abendstunde.

Heute will ich, weil es so warm ist, schwimmen. Im Watt geht es leider nicht, denn der Flutkalender verrät mir, daß das Wasser vor dem Deich erst gegen Mitternacht voll aufgelaufen sein wird. Also fahre ich nach Westen, diesmal nicht zur Buhne 16, sondern in den Südteil der Insel, nehme den Weg durch die Wiesen, der kaum befahren ist, so daß ich's mir hinter dem Steuer sogar leisten kann, auf Wanderschaft zu gehen, nicht gerade durch Raum und Zeit, aber doch ein bißchen über die Insel und durch die Jahre.

Vielleicht, weil ich das rüde Brautwerben vom Vormittag noch im Kopf hab', fällt Ekke Nekkepen mir ein. Kein direkter Vorfahre von mir, wenn auch quasi ein Sylter, nämlich der Meermann aus unserer Sagenwelt. In der Geschichte, an die ich denke, hat er sich allerdings gerade mal in einen *Ünereerdschen* verwandelt, in einen der unterirdischen Zwerge, die früher hier gelebt und ihr Unwesen getrieben haben sollen. Ekke Nekkepen also verliebte sich in eine junge Rantumerin, verlobte sich sogar mit ihr. Doch sobald sie wieder bei Verstand war, bereute sie ihren Entschluß, ausgerechnet mit einem Zwerg die Ehe einzugehen. Ekke Nekkepen aber wollte sie nicht mehr freigeben, es sei denn, sie würde seinen Namen erraten können. Zum Glück hatte sie eines Abends Gelegenheit, den ungeliebten Bräutigam zu belauschen, als der in den Dünen herumsang:

Deling skel ik bruu,
miaren skel ik baak,
aumiarn skel ik Brölep haa;
ik jit Ekke Nekkepen,
min Brir es Inge fan Raantem,
en dit weet nemen üs ik aliining!

Das brauche ich nicht zu übersetzen, denn ich bin sicher, Sie haben das Grimmsche Märchen herausgelesen, das hier zugrunde liegt.

Übrigens, die letzten Sylter Zwerge sollen in Morsum zu Tode gekommen sein, und das geschah so: Niß Schmied war der einzige, zu dem sie noch immer in den Keller schlichen. Da tranken sie ihm das Bier weg. Aber irgendwann erwischte seine Frau einen von ihnen und brachte dann einen tollen Deal zustande. Um sich das Leben zu retten, verzauberte er das Bierfaß in einen nie versiegenden Quell und versprach der Familie des Schmieds ein zwergenfreies Leben. Nur fluchen dürfe niemand; das hebe den Biersegen auf. Und sie müsse Schweigen bewahren über die Sache! Daraufhin ließ sie ihn laufen. Es dauerte nicht lange, bis doch geflucht wurde, wenn auch nur aus Versehen. Niß Schmied staunte über das Faß, das nicht leer wurde, wieviel er daraus auch zapfte, und nannte es eine Teufelstonne, und obwohl das im Grunde ja eher ein Kompliment war, hörte der schöne Überfluß sofort auf, und die Zwerge rumorten erneut im Keller. Die Familie beriet sich mit den Nachbarn, und sie gaben den Rat, ein Wagenrad vor jeden Ausgang zu legen und dann das Haus anzuzünden. An einem Rad nämlich kämen, weil der Reif von einem Kreuz gehalten werde, die Zwerge nicht vorbei. So wurde es gemacht. Jede Tür bekam ein Rad, was für einen Schmied leicht zu bewerkstelligen war, und das Haus ließ man in Flammen aufgehen. Die Zwerge verbrannten, und die Sylter waren die Plage der Unterirdischen endgültig los.

Doch zurück zu den Oberirdischen! Ein paar von ihnen sehe ich auf meiner Wiesenfahrt, Bauern, die mit raffiniert ausgetüftelten Maschinen riesige Heuballen zusammenrollen und sogar noch mit einer Schutzfolie beziehen.

Ich fahre an der Rantumer Müllverbrennungsanlage vorbei. Grausame Erinnerung. In einer stockdunklen Nacht hab' ich die Leiche eines bösen jungen Mannes dahingetragen und in die Hammermühle geworfen. In einem Roman natürlich.

Ich biege ein in die nach Süden führende Straße, auf der die Karawane mir entgegenkommt. Man muß, um als Sylter auch im Sommer froh sein zu können, manches gegen den Trend tun, zum Beispiel schwimmen erst dann, wenn die Tausende den Strand verlassen haben. Fröhlich also fahre ich vorbei an den vielen, entdecke manch krebsrotes Gesicht hinter der Windschutzscheibe. Es ist das gefährliche Rot des ersten Tages. Aber die meisten Insassen sind herrlich braun. Plötzlich etwas geradezu verwegen Kesses am Lenkrad, eine barbusige Schöne, und das auch noch in einem Cabrio! Ob die Sonne ihr so zugesetzt hat, daß sie meint, sie säße noch immer im Sand? Mein Auto jedenfalls macht einen erschrockenen Ruck nach rechts. Klar, daß ein solcher Anblick ihm in die Räder fährt. Ich kann es grad noch zurückholen in die alte Spur und das Verkehrsschild vorm Einknicken bewahren. Wirklich, man ist hier vor keiner Überraschung sicher.

Fahrt durch Rantum. Wenn ich dieses Dorf, wie es heute aussieht, mit der kleinen Schar ständig verwehter Katen aus der Zeit von Gret Skrabbel vergleiche, stelle ich fest, daß es sich vom Aschenbrödel zur Prinzessin gemausert hat. Fast nur Reetdachhäuser, harmonisch eingefügt in die Landschaft. Sogar die Kirche hat ein Reetdach.

Noch ein paar Kilometer, und ich habe meinen Parkplatz erreicht, gehe auf dem Dünenpfad hinunter an den Strand. Die nächsten Menschen sind etwa hundert Meter entfernt. Zu beiden Seiten. Keine Gefahr also, daß ich das Schicksal jener Sika-Hirsche teilen muß, die auf James Island ausgesetzt wurden und, als ihre Zahl von fünf auf dreihundert Stück angewachsen war, zu sterben begannen, weil das enge Zusammenrücken mit Artgenossen einen für sie tödlichen Stress verursacht hatte. Erst nachdem ihre Anzahl wieder auf achtzig herabgesunken war, hörte das Sterben auf.

Das Wasser ist kalt, aber die Brandung sorgt schnell dafür, daß man nicht mehr unterscheiden kann, ob einem kalt ist oder heiß. Es sticht und prickelt auf der Haut, und damit fängt das Wohlbefinden schon an. Man darf sich nur nicht stocksteif ins Wasser stellen, sondern muß sich bewegen, muß schwimmen und tauchen und sich in die Wellen werfen. Dabei kommt der Kreislauf auf Touren. Es gibt bei uns Bade-Virtuosen, die jeden Tag ins Wasser gehen, auch im Winter, und zum Jahreswechsel ist es für viele Gäste und Einheimische ein schaurigschönes Schauspiel, mit anzusehen, wie eine Gruppe von zwanzig, dreißig Verwegenen sich bei einer Wassertemperatur um null Grad in die Fluten stürzt. Von solch sadistischen Verhältnissen bin ich Gott sei Dank weit entfernt. Achtzehn, neunzehn Grad mag die Nordsee heute haben, und wenn man nur lange genug drin bleibt, wird daraus eine angenehm warme Temperatur.

Ich bade eine halbe Stunde lang, laufe dann am Ufer hin und her. Bloß nicht abtrocknen! Das Salz auf der Haut lassen und später so auch in die Kleider! Zwar weckt das in mir mal wieder die Ur-Angst vor den *Bleyle*-Anzügen meiner Kindheit, aber sie bleibt nicht lange. Hinterher wird es wohlig, zumal sich dann auch das Gefühl einstellt, etwas für die Gesundheit getan zu haben.

Zurück nach Morsum. Jetzt sind nicht mehr so viele Autos unterwegs, und so komme ich gut voran. Wieder der Weg durch die Wiesen und damit wieder viel Zeit, den Gedanken ihren Lauf zu lassen. Mir fallen die Prominenten ein, aber die wirklichen, die Sylt besuchten, ohne daß alle Welt es gleich mitkriegte, und von denen erst hinterher bekannt wurde, was sie über die Insel gesagt haben. Thomas Manns vielzitiertes Bekennntis geht mir durch den Sinn und Rilkes Gedicht »Die Insel«. Viele Große waren hier: Nolde, Benn, Barlog, Storm, Zuckmayer … Auf Rosa Luxemburg hat Sylt, wie ein Brief aus Wenningstedt belegt, keinen großen Eindruck gemacht. Auch den Literatur-Kritiker Marcel Reich-Ranicki soll die Insel ziemlich kaltgelassen haben, was mich nicht verwundert, denn ihn schätze ich so ein, daß eine gelungene Beschreibung der Natur ihn ohnehin mehr begeistert, als die Natur selbst es je könnte.

Wieder zu Haus. Am Abend kommen Hamburger Freunde. Wir sitzen draußen. Der Wind hat sich gelegt. Die Bullen nebenan sind ruhig. Der Fasan schläft sicher schon, oder er kommt nicht, weil er uns reden hört.

Unser Besuch geht um halb zehn. Das ist gut, denn wir müssen noch sprengen. Es ist unerläßlich in diesen trockenen Tagen. Vor allem die Kiefern brauchen viel Wasser. Die Frühjahrsstürme haben ihnen arg zugesetzt, und was unserer Haut so wohltut, bekommt ihren Nadeln schlecht: der Salzbelag. Schon seit Wochen haben alle Koniferen viel Braun in ihrem Kleid, und erst jetzt fangen sie an, sich zu erholen.

Gegen zehn sind wir fertig, bleiben aber noch draußen, denn das Rot im Westen bannt unseren Blick …

Leuchtzeichen I

Die Leuchttürme, die von Festlandküsten und Inseln aus ihr Licht über die Meere schicken, haben mich seit jeher in ihren Bann gezogen. Sie, die Wegweiser für die Schiffahrt, kommen mir vor wie die irdischen Verwandten der Gestirne.

Abenteuerliche, manchmal auch skurrile Geschichten ranken sich um den Mann, der ein solches Licht unter Kontrolle hält, nein, es unter Kontrolle hielt; der moderne, ferngelenkte Signalbetrieb hat ihn ja überflüssig gemacht. Aber noch immer verbindet sich mit ihm die Vorstellung von einer romantischen, einsamen Existenz, meistens verkörpert durch einen ausgedienten Seefahrer.

Einer der ältesten Leuchttürme stand auf der Insel Pharos bei Alexandria. Er wurde um 280 v. Chr. erbaut und zählte zu den Sieben Weltwundern. Im 14. Jahrhundert stürzte er bei einem Erdbeben ein, aber sein Unterbau ist noch erhalten. Welch große Bedeutung ihm zukam, geht schon daraus hervor, daß der Name seines Standortes als Bezeichnung für Leuchtturm Eingang gefunden hat ins Lateinische und in die romanischen Sprachen. Im Französischen zum Beispiel heißt er *phare*, im Spanischen *faro*.

Der einzige noch erhaltene Leuchtturm aus dem Altertum ist der von La Coruña an der Nordwestecke der iberischen Halbinsel.

Die ältesten deutschen Leuchttürme sind die von Travemünde, Borkum, Norderney und Neuwerk. Auf Helgoland baute man um 1630 eine sogenannte Blüse, einen Turm mit offenem Steinkohlenfeuer. Im Jahre 1811 bekam die Insel dann einen modernen Turm, der wiederum 1901 durch einen neuen ersetzt wurde. Dieses 1945 von englischen Bomben zerstörte Bauwerk war mit seiner Sichtweite von 45 Kilometern das stärkste Leuchtfeuer Deutschlands.

Unter den Sylter Leuchttürmen ist einer, den man schon während der Anfahrt über den Hindenburgdamm deutlich erkennt. Es ist der größere der beiden Kampener. Rechterhand ragt er über das Inselgelände hinaus. Vom dänischen König in Auftrag gegeben, entstand er 1855, im selben Jahr also, in dem Westerland Seebad wurde. Der schwarz-weiße Turm mißt 38 Meter, und da der Boden, auf dem er steht, 25 Meter über dem Meeresspiegel liegt, wird das Signal (Kennung: dreimal im Wechsel 1 Sek. dunkel und 2 Sek. hell, dann 1 Sek. dunkel und 5 Sek. hell) aus einer Höhe von 63 Metern ausgesandt. Gespeist von einer 110-Volt-Glühlampe mit einer Leistung von 1 000 Watt, hat es eine Reichweite von zwanzig Seemeilen. Eine Gürteloptik sorgt für Bündelung und damit für Verstärkung des Lichtes.

Der Hörnumer Leuchtturm im Süden der Insel ist 83 Jahre alt, und sein Signal ist ebenfalls zwanzig Seemeilen weit sichtbar. Es wird befeuert von einer 250-Watt starken Halogen-Metalldampflampe (Kennung: alle neun Sekunden zwei Blitze und zwei Dunkelphasen). Auf Hörnum-Odde gab es noch einen zweiten, kleineren Turm, der aber – zusammen mit der Odde selbst – ein Opfer der Flut wurde. Man hat ihn dadurch ersetzt, daß eine vorher unbefeuerte Tonne mit einem Lichtsignal versehen wurde. Kurz bevor der alte Odde-Turm verlorenging, konnte das Wasser- und Schiffahrtsamt Tönning in einer dramatischen Aktion wenigstens die teure Lichtanlage retten.

Die beiden Leuchttürme im äußersten Norden der Insel stehen auf dem Ellenbogen und dienen in erster Linie der Orientierung bei der Einfahrt in das Lister Tief. Der westliche hat in einer Höhe von 19 Metern über dem mittleren Tidenstand eine

24-Volt/250-Watt-Lampe und ist vierzehn Seemeilen weit zu sehen (Kennung: 1,5 Sek. dunkel und 4,5 Sek. hell). Der östliche – mit gleicher Leistung – hat die Kennung: je 3 Sek. dunkel und hell.

Leuchtturmwärter alten Zuschnitts findet man auch auf Sylt nicht mehr; alle Feuer werden vom Wasser- und Schiffahrtsamt Tönning ferngesteuert und fernüberwacht.

Ein Hauch von Romantik umgibt noch immer den zweiten Kampener Leuchtturm, vielleicht, weil er so klein ist und fast verwunschen dasteht im westlichen Dünengelände. Er ist außer Betrieb und gehört heute der Kampener Gemeinde. Auf vielen Spaziergängen am Kliffende, in dessen Nähe der aus Backstein errichtete Winzling steht, habe ich versucht, mir auszumalen, wie er aus seiner Nutzlosigkeit befreit und noch einmal zum Leuchten gebracht werden könnte. Aber natürlich durfte es nicht etwa darauf hinauslaufen, daß die Unterirdischen der Sylter Sagenwelt sich seiner bemächtigt hätten und nun innerhalb des Rundbaus ihr Unwesen trieben, nein, der heimelige Turm sollte aus dem Dornröschenschlaf erweckt werden und zu seiner alten Bestimmung zurückfinden, vielleicht sogar in Not geratenen Menschen Rettung bringen. Also mußte ein bißchen Seefahrer-Atmosphäre her und zugleich ein glaubwürdiges Erlebnis aus der Gegenwart. Schließlich fand ich eine kleine Geschichte. Hier ist sie:

Leuchtzeichen II

Eine Erzählung

An einem Sommermorgen um halb vier sagte Ludwig Petersen, Krabbenfischer aus List auf Sylt und manchem seiner Mitbürger nur bekannt unter dem Namen Ludje Garnel, zum Schiffsjungen Jacob: »Es geht nicht gerecht zu auf der Welt! Für uns fängt jetzt die Arbeit an, für andere geht der Tag zu Ende und das womöglich in irgendeiner Kneipe!«

»Hoffentlich bringt es uns wenigstens was!« anwortete Jacob und jumpte auf den Kai, machte die Leinen los. Er sprang zurück an Deck, und kurz darauf tuckerte der Kutter *Antje* aus dem Lister Hafen, nahm erst Kurs Nord, dann Kurs West, schwenkte nochmals ein und fuhr an der Flanke der langgestreckten Insel abwärts.

*

Zur gleichen Zeit saß Lothar Imhoff, ein vierzigjähriger Architekt aus Hamburg, im Westerländer Spielcasino am Roulettetisch. Er spielte schon seit fünf Stunden und hatte ganz unverschämt gewonnen. Er überschlug seinen Gewinn, kam auf runde siebenundzwanzigtausend Mark, setzte noch einmal auf Rot. Wieder hatte er Glück. Er steckte seinen gesamten Gewinn ein, stand auf und ging mit prall gefüllten Taschen zur Kasse, ließ sich auszahlen, schob die vielen großen Scheine in die Jacke, warf noch einen letzten Blick hinüber zu dem Tisch, der ihm so viel Glück gebracht hatte, und schickte sich an zu gehen.

*

Wenige Meter von dem glücklichen Gewinner entfernt lauerte die Gefahr in Form eines windigen Quartetts. Anfang Zwanzig waren die drei Burschen und die hübsche Marina, die zu ihnen gehörte. Sie trug einen kurzen schwarzen Rock und einen ebenfalls schwarzen, tief ausgeschnittenen Pullover. Die vier hatten, obwohl auch sie sich schon seit mehreren Stunden im Casino aufhielten, kein einziges Mal gespielt, sondern nur mit Luchsaugen das Geschehen an den grünbespannten Tischen verfolgt und sich dann und wann an die Bar gesetzt. Marina allerdings hatte an den Kontrollgängen nicht teilgenommen. Sie war im Hintergrund geblieben. Die vier waren darauf geeicht, statt im Spiel sozusagen im Nachspiel ihren Gewinn zu machen, und das bedeutete: Sie observierten die Casino-Besucher. Die glücklosen interessierten sie nicht, ebensowenig diejenigen, denen Fortuna nur zu einer leichten Aufstockung ihres Budgets verhalf. Nein, sie waren fixiert auf den Glückspilz, den es im Casino immer mal wieder gibt und der eigentlich für seinen Heimweg eine Eskorte braucht. War ein solcher dicker Fisch ausgemacht, trat Marina in Aktion, und genau diese Gelegenheit war jetzt gekommen. Robert, der das Quartett dirigierte, sagte zu ihr:

»Also, Baby, wie immer! Nicht zu direkt! Vielleicht sogar erstmal ein bißchen schnippisch. Na, du weißt schon! Hast du die Lampe?«

»Klar!« Marina klopfte leicht gegen ihre Handtasche und setzte sich in Marsch.

*

Lothar Imhoff hätte die Welt umarmen können, trug er doch etwa das Zehnfache dessen, was er für seinen zweiwöchigen Urlaub an Kosten veranschlagt hatte, bei sich. Nicht das Geringste hatte er für diese große Summe leisten müssen, verdankte sie den launischen Sprüngen einer kleinen elfenbeinernen Kugel und brauchte sie noch nicht mal zu versteuern! Er war kein Spieler, hatte nur in der Casino-Bar einen Drink nehmen und ein bißchen Atmosphäre schnuppern wollen. Doch dann war es ihm zu langweilig geworden, einfach nur dazusitzen, und so hatte er einmal mitgehalten. Und gewonnen. Und wieder mitgehalten. Und wieder gewonnen. Ja, und dann hatte er, weil er das Spiel schnell beenden wollte, die hundert gewonnenen Mark auf die Neunzehn gesetzt, denn der neunzehnte März war sein Geburtstag. Schon im Aufstehen begriffen, hatte er die Ansage des Croupiers gehört, und als er gleich darauf die dreieinhalbtausend Mark kassierte, war ihm das wie ein Signal erschienen, fast so, als hätte ihm jemand zugeraunt: 'Bleib! Es ist dein Tag!' Und er war geblieben.

Tief sog er nun die milde Luft der Sommernacht ein. Er faßte an sein Jackett, spürte durch den Stoff hindurch die Scheine, freute sich. Er hatte zwei Straßen überquert, ging an der Alten Post vorbei, erreichte den Parkplatz, hielt auf seinen neun Jahre alten Wagen zu und dachte gerade, daß er ihn nun auswechseln würde, da hörte er hinter sich Schritte, kleine rasche Schritte, unzweifelhaft die einer Frau, und dann sah er sie auch schon. Sie hatte ihn überholt. Obwohl der Platz nur schwach beleuchtet war, konnte er die schönen langen Beine erkennen. Die Frau schien es eilig zu haben. Doch dann, wenige Schritte vor ihm, stolperte sie, schlug hin, stöhnte laut. Lothar Imhoff stürzte auf sie zu, half ihr wieder auf die Beine. »Haben Sie sich verletzt?« fragte er.

Sie löste sich aus seinem Zugriff, nicht brüsk, aber doch so, daß er wissen mußte, der zwangsläufig entstandene Körperkontakt sei nun nicht mehr vonnöten.

»Haben Sie sich verletzt?« fragte er noch einmal.

»Nein«, antwortete sie, »ich glaube, mir ist nichts passiert.« Sie rieb sich das rechte Knie, versuchte dann ein paar Schritte, knickte dabei leicht ein, gestand schließlich: »Ich müßte mich wohl doch erstmal irgendwo hinsetzen.«

»Das meine ich auch.« Lothar Imhoff nahm ihren Arm und führte sie zu seinem Wagen, öffnete die Beifahrertür, sagte: »Setzen wir uns für einen Moment hinein!« Doch um den Eindruck einer plumpen Annäherung zu vermeiden, fügte er sogleich hinzu: »Sie ruhen sich jetzt eine Weile aus, und dann fahre ich Sie zu Ihrem Quartier. Ihren Wagen können Sie ja morgen holen.«

Sie antwortete nicht, stieg aber ein, und als er neben ihr saß, rieb sie wieder ihr Knie, mit dem auch er sich nun – in einer Mischung aus Anteilnahme und männlicher Neugier – etwas näher befaßte. Er zog sein Taschentuch hervor, drückte es behutsam auf die Stelle, die ihr offensichtlich so wehtat.

»Dabei wollte ich«, sagte sie, »noch ganz schnell ans Wasser fahren, mir den Sonnenaufgang ansehen und Abschied nehmen von dieser schönen Insel. Morgen ..., nein, heute ist mein Urlaub zu Ende.«

»Auf den Sonnenaufgang brauchen Sie nicht zu verzichten! Wenn Sie Lust haben und Ihr Knie es erlaubt, können wir ein Stück fahren, uns auf eine Düne setzen und gemeinsam auf die Sonne warten.«

»Nein, das wäre zuviel verlangt. Ich geh' jetzt zu meiner Ente und versuch's einfach mal.« Sie machte Anstalten, auszusteigen, doch schon nach der ersten Bewegung ertönte ein jämmerliches »Au!«

»Sehen Sie? Sonnenaufgang ja, Ente nein!« Er ließ den Motor an, fuhr einfach los. Als der Wagen den Parkplatz verlassen hatte und in die Straße eingebogen war, sagte er: »Ich heiße Imhoff, Lothar Imhoff.«

»Marina«, antwortete sie, und das klang, so schien es ihm, nach weitreichendem Einverständnis.

Sie fuhren nach Norden. Daß ihnen ein Auto folgte, fiel ihm, der inzwischen Feuer gefangen hatte, nicht auf. An einem Ferienort, an dem so leicht die Nacht zum Tag wird, war das auch nichts Besonderes.

Kurz hinter Kampen fuhren sie auf einen Parkplatz, der am Fuß der Dünenkette lag. Sie stiegen aus. Wieder war es eine Geste der Hilfsbereitschaft und zugleich schon eine der Vertrautheit, daß er ihren Arm nahm und sie stützte auf dem Weg über den hölzernen Pfad.

»In ungefähr einer Stunde«, sagte er,»geht die Sonne über dem Wattenmeer auf.« Immer noch hielt er ihren Arm.

Als sie einige Minuten gegangen waren, geschah etwas, was dem einträchtigen Nebeneinander eine jähe Wende gab. Er hatte in dem schwachen Licht der beginnenden Dämmerung links neben dem Pfad einen dunklen Gegenstand im Sand liegen sehen. Vielleicht war es eine Handtasche, vielleicht auch nur ein Stück Holz, jedenfalls bewog es ihn, sich von dem Mädchen zu lösen und einen Schritt zurückzugehen. Er machte das sehr plötzlich. Sie reagierte nicht schnell genug, und so bemerkte er die Taschenlampe, die sie mit der Rechten nach hinten hielt, sah ihren Lichtstrahl aufblitzen. Wie in einem Reflex drehte er sich um und entdeckte ein paar Gestalten, die ihnen folgten. Er konnte nicht genau erkennen, wieviele es waren; drei oder vier mochten es sein. Sie bewegten sich rasch voran. Ihm war sofort klar: Das Lichtsignal hatte ihnen gegolten! Der dunkle Gegenstand im Sand interessierte ihn nicht mehr. Er entriß dem Mädchen die Lampe, warf sie in hohem Bogen fort. »Das also war es!« schrie er sie an. »Mein Gewinn!« Und dann sprang er vom Holzsteg, rannte, so schnell er konnte, durch den Sand, der unter seinen Füßen nachgab und ihm das Vorwärtskommen erschwerte.

Einmal hielt er inne, sah sich um. Die Gestalten folgten ihm, waren schon bedrohlich nah. Nur noch etwa fünfzig Schritte betrug der Abstand. Er rechnete sich, da sie vermutlich alle jünger waren als er, keine großen Chancen aus, hastete weiter, immer weiter. Plötzlich sah er in nächster Nähe den kleinen Kampener Leuchtturm, dachte: Ich muß es versuchen!

Er lief auf den Turm zu, erreichte ihn, umrundete ihn zur Hälfte, gelangte an die Tür, und ... sie war offen! Es hing zwar ein Vorhängeschloß an den metallenen Ösen, aber es war nicht zugedrückt. Er entfernte es mit hastigen Bewegungen, warf es zu Boden, riß die Tür auf, stürmte hinein in den dunklen Raum, jagte die schmale Wendeltreppe hinauf. Auf halber Höhe hielt er abrupt inne, weil ihm plötzlich aufging, daß er mit seinem Eintritt in den verlassenen Turm womöglich in eine Falle getappt war. Doch es gab kein Zurück mehr; er würde seinen Verfolgern ja geradewegs in die Arme laufen. Also kletterte er weiter, wohlwissend, daß in der Turmspitze die Jagd schnell zu Ende sein konnte. Natürlich würden sie ihm dann die schönen großen Scheine aus der Jacke ziehen, ihn vielleicht auch noch zusammenschlagen, damit die Meldung bei der Polizei erst spät einginge. Oder waren die Ganoven und ihre Räuberbraut vielleicht sogar brutal genug, ihn umzubringen?

Er hatte die letzten Stufen erreicht, hörte die anderen schon unten an der Tür, da ertastete er über sich eine Luke. Der Deckel war hochgeklappt. Schnell schlüpfte er durch die Öffnung, hatte damit die Plattform der Kuppel erklommen, warf den Lukendeckel zu, stellte sich darauf, keuchte. So schnell war er lange nicht mehr gelaufen.

Da! Ganz leicht hob sich der Deckel, und sofort rechnete er sich aus: Wenn sie gemeinsam von unten gegendrücken, schaffen sie es! Doch dann schöpfte er Hoffnung aus dem Umstand, daß auf der schmalen Treppe nicht genug Platz war für vier oder sogar fünf Leute.

Als der Lukendeckel sich schon eine Handbreit gehoben hatte, kam der Bedrängte auf eine Idee. Er tat einen Sprung.

Der Deckel krachte wieder herunter, und unten fluchte jemand. Die Worte verstand Imhoff nicht; er hörte nur die aufgebrachte Männerstimme.

Ist 'ne Methode, dachte er; sobald sie mich ein Stück angelifftet haben, springe ich, und mein Aufprall auf das Holz wird ihnen den kleinen Feldvorteil wieder abjagen, hoffentlich auf schmerzhafte Weise!

Mehrmals noch versuchten sie, den Deckel anzuheben, doch jedesmal konnte Imhoff sie durch einen mächtigen Sprung am Heraufkommen hindern. Irgendwann setzte Stille ein. Offenbar berieten sie sich. Das gab ihm Zeit, sich in dem kleinen Raum umzusehen. Er machte sein Feuerzeug an, schwenkte es herum. Es gab eine Tür, die auf einen schmalen Balkon führte. Von der Luke aus konnte er den Griff packen. Aber da rührte sich nichts. Das Schloß war festgerostet. Egal! Für einen Sprung war der Turm ohnehin zu hoch. Ihm blieb wirklich nur, auf dem Deckel auszuharren.

Dieses verfluchte Weibsbild! dachte er. Zieht auf dem Parkplatz ihre große Show ab, und ich Rindvieh fall' drauf rein!

Er warf einen Blick durch die gläserne Kuppel des Leuchtturms, sah die vom Dämmerlicht schwach erhellten Linien der Dünen und des Horizonts. Plötzlich spürte er, daß der Boden unter ihm erneut in Bewegung geriet. Vorerst sprang er nicht, begann aber zu wippen, machte ganz schnelle, kleine Kniebeugen, um den Gangstern ihr Vorhaben zu erschweren, hielt dann inne. Gleich darauf ging der Lukendeckel bedrohlich weit in die Höhe. Mit Schrecken entdeckte er sogar den hellen Schimmer einer Hand, die den Deckelrand umklammerte. Rasch kniete er sich hin, dachte: Tut mir leid, Junge, aber es ist deine eigene Schuld! Wieder holte er sein Feuerzeug hervor. Klick, sagte es, und dann hielt er die Flamme an die vorwitzigen Finger. Ein Schrei war die Antwort, und der Deckel fiel mit Getöse in seine alte Position zurück. Gleich danach hörte er eine Männerstimme: »Du hast keine Chance! Wirf uns den Kies runter, und wir lassen dich in Ruhe!«

»Ich denk' nicht dran!« rief er zurück und blickte sich ein weiteres Mal um, leuchtete das Rund mit dem Feuerzeug aus, entdeckte eine Menge Gerümpel. Es war auch Baumaterial da;

er sah Steine, Fliesen, Zement. Vielleicht, dachte er, will irgend jemand sich hier seinen Alterssitz einrichten. Er überlegte, ob sich etwas finden ließe, womit er seine Gegner in Schach halten könnte, falls es ihnen doch gelänge, heraufzukommen, ein Stuhlbein oder eine Eisenstange oder vielleicht eine Wasserwaage. Er würde bestimmt nicht zögern, zuzuschlagen, gab sich sogar eine Erfolgschance, denn diesen Vorteil hatte er nun mal: Wegen des Lukenmaßes konnten sie nur einzeln in die Kuppel hinaufsteigen, und bei einem Zweikampf würde ihm sein erhöhter Standort zugute kommen.

Doch da lag nichts, was als Waffe geeignet wäre. Allenfalls könnten ihm die Mauersteine nützlich werden. Sein Blick fiel auf etwas Rundliches von Fußballgröße. Er kniete sich hin, kroch vor bis an den Rand des Lukendeckels, streckte den Arm aus, fischte das noch immer nicht definierbare Objekt aus dem Gerümpel heraus, zog es zu sich heran und ... hatte eine Baulampe in der Hand. Der lange schwarze Kabelschwanz kam gleich hinterher, und an seinem Ende saß ein Stecker. Hoffentlich gibt's hier noch Strom! dachte er und suchte nach einer Steckdose, fand sie im unteren Kuppelbereich. Sofort kroch er, den Stecker in der Hand, nach vorn, wagte es sogar, für einen Moment den Deckel zu verlassen, da sein Arm nicht lang genug war.

Er führte den Stecker in die Buchse und fuhr zusammen, so grell flammte das Licht der Halogenlampe auf.

Er glitt auf den Deckel zurück, setzte sich und tat dann etwas, woran er zwar keine allzu großen Erwartungen knüpfte, was ihm aber doch einen Versuch wert war. Er hob die Lampe hoch, so daß der helle Strahl durch die Glaskuppel nach draußen fiel, und schwenkte sie über seinem Kopf weiträumig hin und her, hoffte, daß trotz der frühen Stunde Menschen unterwegs waren und sich unter ihnen jemand befand, der wußte, daß dieser Leuchtturm seit vielen Jahren außer Betrieb war. Immer wieder schwenkte er die Lampe, schickte ihr Licht über die Dünen, über das offene Meer, über das Watt.

*

Sie hatten das Netz ausgebracht und tranken heißen Kaffee. Ludje Garnel wollte gerade einen Schluck nehmen, da fuhr ihm der Schreck in den Arm, so daß der Kaffee über den Becherrand schwappte.

»Ich werd′ verrückt!« rief er.

»Was ist?« fragte Jacob und trat näher.

»Guck dir das an! Das Kampener Feuer, das kleine! Es dürfte nicht leuchten, aber es leuchtet!« Jacob sah in die Richtung. »Das ist ..., das ist ein Spuk!«

»Nee, das ist ′n ganz reelles Licht. Ist wie früher.«

»Kann doch gar nicht sein. Das Feuer ist aus, seit langem, und ist auch auf den Seekarten nicht mehr eingetragen.«

»Aber, verdammt nochmal, es ist da! Und es rotiert! Siehst es doch selbst! Oder etwa nicht?«

»Doch, ich seh′ es.«

»Ich geb′ das mal durch an *Nordfriesland Radio.«*

»Die halten uns für übergeschnappt.«

»Dann tun sie das eben.«

Und Ludje Garnel bediente das Sprechfunkgerät. Die Antwort lautete: »Ihr sollt nicht saufen, sondern Krabben fangen!«

»Aber das Licht ist da wie in alten Zeiten! Ich seh′ es mit Fernglas und auch ohne. Ruft die Westerländer Polizei an, damit die sich um die Sache kümmert. Da ist irgendwas los. Ich fahr′ lange genug zur See, um zu wissen, wie gefährlich falsche Leuchtfeuer sind. Nun tut gefälligst was, verdammt nochmal!«

»Okay, okay, beruhige dich!«

*

Lothar Imhoff mußte eine Pause einlegen. Er hatte mehrmals den Arm gewechselt, doch nun schaffte er es nicht mehr, die Lampe hochzuhalten und sie gleichzeitig hin und her zu schwenken. Er sah nach Osten, wo der Himmel sich rot zu färben begann. Die Pracht weckte in ihm keine Bewunderung, eher Verdruß, denn je heller es draußen wurde, desto geringer wurde die Chance, daß jemand sein Licht entdeckte. Dennoch nahm er die Arbeit nach einer Weile wieder auf, schwenkte, auf dem Lukendeckel sitzend, die Lampe hin und her, immer wieder hin und her.

Ein Geräusch schreckte ihn auf. Es kam von unten. Offenbar wurde dort die Tür aufgerissen. Eine barsche Stimme war zu hören:

»Was machen Sie hier?«

Eine Antwort erfolgte nicht, aber diese eine Frage genügte ja schon. Er öffnete die Luke, stieg hinab, stieß auf drei Polizisten und das Mädchen mit ihren Komplizen.

»Gut, daß Sie da sind!« sagte er zu den uniformierten Männern. »Die Kerle wollten an mein Geld.« Er schilderte in knappen Sätzen, was vorgefallen war. Als er geendet hatte, sagte einer der Polizisten:

»Sie kommen jetzt erstmal alle mit aufs Revier.«

Zu Fuß ging es zum Parkplatz und von dort mit zwei Wagen nach Westerland. Der VW-Bus der Polizei fuhr voran. Imhoff folgte in seinem Auto mit einem der Beamten auf dem Beifahrersitz.

Der Polizist zeigte über die Wiesen und das Wasser hinweg auf das Rot. »Ist doch immer wieder ein Erlebnis«, sagte er zu Imhoff, »zu sehen, wie die Sonne aufgeht.«

Reden wir doch mal vom Wetter!

In der Regel sind es drei Dinge, über deren Beschaffenheit der Urlauber den Daheimgebliebenen Bericht erstattet: das Quartier, das Essen und das Wetter. Das sind die drei Basis-Informationen, die zu erteilen er sich schon als Kind abgemüht hat, meistens per Ansichtskarte, auf der das Panorama und die Adresse schon mal – gottlob – Dreiviertel des Platzes beanspruchten und die nicht selten erst am letzten Tag auf den Weg gebracht wurde. Wer kennt sie nicht, die bündigen Botschaften von Kinderhand? *Liebe Eltern, die Herberge ist schön, das Essen ist gut, und die Sonne scheint. Euer Hansi.* Dieses ökonomische Grundmuster eines Ferien-Rapports hat manch einer in seinen Erwachsenen-Urlaub hinübergerettet, wo es dann allenfalls ein bißchen differenzierter zugeht, etwa so: Unser Zimmer hat fließend heiß und kalt sowie TV und Meerblick; gestern im *Käpt'n Hahn* vorzügliche Austern gegessen; städtische Blässe weicht allmählich insularem Karamel . . .

Nun, Quartier und Furage kann er selbst bestimmen, je nach Geldbeutel und Gusto, das Wetter nicht. Es ist für alle da und ist für alle gleich. Sprechen wir also über diesen Souverän, der – nach Meinung vieler – über die Qualität von Ferientagen entscheidet.

Sie haben es sicher bemerkt, da ist eingeschoben: »nach Meinung vieler«. Damit sind wir schon beim springenden Punkt. Wer da glaubt, Sylt-Tage ohne Sonne seien verlorene

Tage, der irrt. Ein gern benutzter Slogan sagt, hier gebe es kein schlechtes Wetter, sondern höchstens falsch angezogene Leute. Daran ist etwas Wahres, weil – ob nun Sonne, Regen, Sturm, Hagel oder Schnee dominieren – die Luft immer da ist; sie ist das eigentliche Sylter Element, ist der zwar unsichtbare, doch stets vorhandene und wirksame Regenerator.

Das Westufer der Insel wird fast ständig von einem Wind der Stärken 3 bis 5 bestrichen, wodurch die Brandung entsteht, jener ufernahe Wellenschlag, der durch Zerstäubung Aerosol erzeugt. Es hat bedeutenden Anteil an Sylts Heilklima, denn es enthält Kochsalz, Jod und Spurenelemente, die Stirnhöhlen-, Nasen- und Rachenleiden sowie Erkrankungen der Atemwege und Lungen beheben oder zumindest lindern. Auf Sylt lebt manche Familie, die schon vor Jahren wegen des Klimas auf die Insel gezogen ist, weil Mann oder Frau oder eins der Kinder an Asthma erkrankt war und hier Bedingungen vorfand, unter denen es sich mit diesem Leiden leichter leben läßt als im Binnenland. Und es gibt Urlauber, die allein schon deswegen immer wieder nach Sylt kommen, weil sie hier eine Zeitlang beschwerdefrei durchatmen können. Ganz gleich, ob man bei Sturm und Regen in wetterfester Kleidung oder, wenn die Sonne scheint, nackt am Ufer entlanggeht, die heilsame Wirkung hat man immer. Manche Leute nennen das Belebende an unserer Luft den Champagner-Effekt.

Das Sylter Klima ist milde. Die Insel liegt noch im Einflußbereich des Golfstroms, so daß es hier auch in den Wintermonaten selten sehr kalt wird. Überdies wirkt das Wasser, von dem sie umgeben ist, wie ein Speicherofen, der schnelle und große Temperaturschwankungen verhindert. Wenn es hier auch nicht so warm ist wie in Acapulco, so steht die Insel mit ihren tausendsechshundert jährlichen Sonnenstunden doch besser da als zum Beispiel Hamburg, das nur auf knapp tausendvierhundert kommt.

Ein ständiger Begleiter des Insellebens ist der Wind, der nun mal zum Seeklima gehört. Ja, der Wind, er ist ein vielseitiger Bursche. Er labt uns, wenn es zu heiß ist, mit seiner Kühle, bereitet den Kindern Vergnügen, wenn er ihre Drachen steigen läßt, und macht sich nützlich, wenn er unsere Segler und Surfer auf Touren bringt. Manchmal gibt er sich sogar frivol, indem er den Frauen unter die Röcke greift. Bis dahin ist er also der eher lustige und quirlige und kecke Geselle, als der er tausendfach in die Literatur eingegangen ist, und solange die Wettermeldungen ihn mäßig nennen, wissen wir, daß er maßhält. Aber er kann sich auch ganz anders gebärden. Wenn er zum Sturm wird und dabei Kurs auf unsere Küsten nimmt, trägt er mit der im offenen Meer aufgetürmten Dünung die Wassermassen auf den Strand. Kommen dann noch, im Pakt mit ihm, Neumond oder Vollmond zur Wirkung, liegen also Mond und Sonne mit der Erde in einer Richtung, so entsteht durch die verstärkte Anziehungskraft die gefürchtete Springflut, die die Überschwemmungsgefahr potenziert.

Hier auf der Insel hat der Wind uns, neben allem Nutzen, schon viel Kummer bereitet, wie wir im Kapitel über die Sturmfluten gesehen haben. Aber es gibt auch Tage, an denen er weder nützlich noch verheerend ist, sondern einfach nur Ärger macht. Wenn er nämlich aus Osten weht, setzt er uns zu, zerrt an unseren Nerven, macht uns schlapp und krank, und wir werden, sofern wir uns nicht zusammennehmen, wie er selbst: unausstehlich. Ich glaube, wir leiden unter ihm so ähnlich wie die Münchner unter ihrem Föhn. Er bringt zwar schönes Wetter, unser Ostwind, und ist dennoch nicht geliebt, zumal er etwas anderes Ungeliebtes im Gefolge hat: die Quallen. Da sieht man dann am Weststrand die sonst so kühnen Schwimmer durchs Seichte waten und verbissen Ausschau halten nach den kleinen, mittleren und großen (etwa Münze bis Suppenteller), glibberigen, blauen, roten, rostbraunen, gelben, orange- oder mauvefarbenen oder auch fast farblosen Gebilden, deren glatte, geschmeidige, konvexe Körper so verführerisch, so freundlich aussehen wie Puddinge oder sonstige Köstlichkeiten gleicher Konsistenz; dabei brennen sie, ob nun mit oder ohne Tentakeln, höllisch.

Vielleicht sollten wir uns den Wind mal etwas genauer vornehmen. Es sind immer zwei Angaben, die die Wettervorhersage, wenn sie ihn ankündigt, mitliefert, seine Richtung und seine Stärke. Über erstere wissen wir Bescheid. Ob er aus

Osten oder Westen, aus Norden oder Süden weht, jeder kann sich darunter etwas vorstellen, und manchenorts kann er ihn sogar indirekt sehen, kann ihn ablesen, denn die zahlreichen vor unseren Häusern gehißten Flaggen sind nicht nur Schmuck oder Sympathieträger, sondern auch Windrichtungsanzeiger. Aber wie steht es mit den Zahlen, die wir tagaus, tagein zu hören bekommen? Drei, sieben, zehn, fünf bis sechs..., was bedeuten diese Codes auf der Beaufortskala, deren Name auf einen englischen Admiral zurückgeht? Ich glaube, da ist unsere Kenntnis doch etwas lückenhaft. Wir wissen vielleicht, daß wir, wenn es »Stärke fünf« heißt, nicht gerade mit einem kleinen Motorboot zu einer Fahrt von Hörnum nach Helgoland starten sollten, und die Zwölf verrät auch dem Binnenländer, daß es dramatisch zugeht. Aber darüber hinaus ist es mit unserem Wissen über den Wind vermutlich nicht so weit her, und deshalb folgt nun ein kleiner Schnellkurs, der Steckbrief der Winde also:

Windstärke 0: Absolute Windstille; Rauchsäulen stehen senkrecht; die See ist spiegelglatt.

Windstärke 1: Leiser Zug mit einer Geschwindigkeit von anderthalb Metern pro Sekunde; auf der See Kräuselwellen.

Windstärke 2: Flaue Brise; Windzug im Gesicht zu verspüren; Geschwindigkeit etwa drei Meter pro Sekunde; See: kurze, kleine Wellen.

Windstärke 3: Leichte Brise, das Laub in den Bäumen bewegt sich; Geschwindigkeit etwa fünf Meter pro Sekunde; See: Wellenkämme beginnen sich zu brechen; man spricht von leicht bewegtem Wasser.

Windstärke 4: Mäßige Brise; Zweige und Äste geraten in Bewegung; Staub wirbelt auf; Geschwindigkeit etwa sieben Meter pro Sekunde; See: Wellen mit zum Teil weißen Schaumköpfen, mäßig bewegtes Wasser.

Windstärke 5: Frische Brise, die Stämme kleinerer Bäume beginnen zu schwanken; Geschwindigkeit etwa neun Meter pro Sekunde; See: mäßig lange

Wellen mit Schaumkämmen; man spricht von ziemlich grober See.

Windstärke 6: Steife Brise; »Musik« in den Hochspannungsleitungen; Geschwindigkeit etwa elf Meter pro Sekunde; See: grob und unruhig mit drei bis fünf Meter hohen Wellen.

Windstärke 7: Harter Wind; Behinderung beim Gehen; Radfahrer haben es schwer oder freuen sich; Geschwindigkeit etwa dreizehn Meter pro Sekunde; See: acht bis neun Meter hohe Wellen.

Windstärke 8: Stürmischer Wind; Zweige brechen; erhebliche Behinderung beim Gehen; Geschwindigkeit: etwa fünfzehn Meter pro Sekunde; See: Wellenberge.

Windstärke 9: Sturm; leichte Beschädigungen an Fassaden und Dächern; Geschwindigkeit etwa achtzehn Meter pro Sekunde; See: beginnendes Rollen.

Windstärke 10: Schwerer oder starker Sturm; größere Schäden an Häusern; Bäume werden entwurzelt; Geschwindigkeit etwa einundzwanzig Meter pro Sekunde; See: zehn bis zwölf Meter hohe Wellenberge.

Windstärke 11: Orkanartiger Sturm, schwere Gebäudeschäden; Entwurzelung auch stärkerer Bäume; Geschwindigkeit etwa achtundzwanzig Meter pro Sekunde; See: außergewöhnlich hohe Wellenberge mit zu Gischt verwehten Kämmen.

Windstärke 12: Orkan; schwerste Sturmschäden, zum Beispiel Abheben von ganzen Dächern; Geschwindigkeit fünfundvierzig Meter pro Sekunde; See: gewaltig schwer mit über zwölf Meter hohen Wellen; Schaum und Gischt verhindern Fernsicht.

Soweit die Definition der Windstärken, frei nach Beaufort. Da es jedoch Stürme gibt, die hinsichtlich ihrer Stärke und Auswirkung die in der Tabelle enthaltenen Angaben übertreffen, spricht man heute auch schon von Werten bis hin zur Stärke 17.

Die Gefährdete I

Sylt ist, wie wir alle wissen, gefährdet. Wir brauchen uns nur die Landkarte anzusehen, die Sylt im Jahre 1240 zeigt, als es noch prall und rundlich war, und dann die von 1648, um zu erkennen, wie stark es im Verlauf jener vier Jahrhunderte abgemagert ist. Die Entwicklung unserer Insel von 1648 bis 1990, also über einen Zeitraum von knapp dreieinhalb Jahrhunderten, ist dann gottlob weit weniger dramatisch verlaufen, denn, wie schon an anderer Stelle erwähnt, ist ihre heutige Kontur der des Jahres 1648 doch recht ähnlich. Gewiß, wieder hat es Landverluste gegeben, aber sie sind bei weitem nicht so stark wie im erstgenannten Zeitabschnitt. Das ist zum einen darauf zurückzuführen, daß es nach 1648 zwar immer wieder schwere Sturmfluten, jedoch keine wie die von 1362 gegeben hat, die weite Gebiete Nordfrieslands vernichtete, und zum anderen liegt es daran, daß die Menschen ihre Küsten besser zu schützen begannen.

Bis in die sechziger Jahre des vergangenen Jahrhunderts begnügte man sich an der Westküste Sylts mit dem Anpflanzen von Dünenhalm. Dann, als die Insel preußisch geworden war, wurden ostpreußische Dünenbauer hierhergeschickt, die den wandernden Sand zum Stillstand bringen sollten. Damit begann ein Inselschutzprogramm, das auch jetzt noch durchgeführt wird und dem Husumer Amt für Land- und Wasserwirtschaft obliegt. Jahr für Jahr sind Arbeitskolonnen unterwegs, um auf

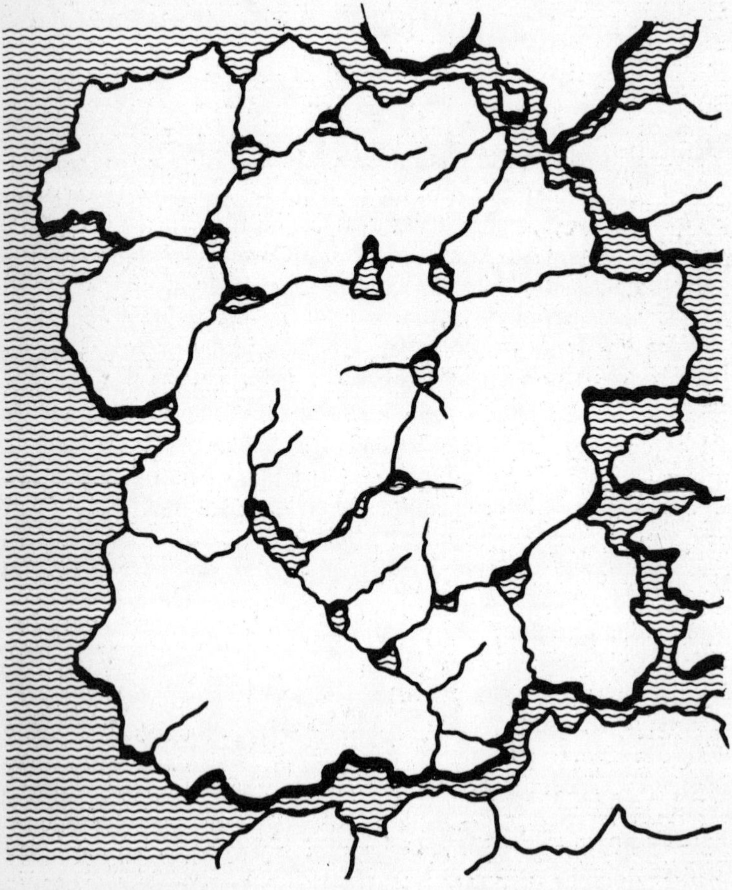

Sylt im Jahre 1240

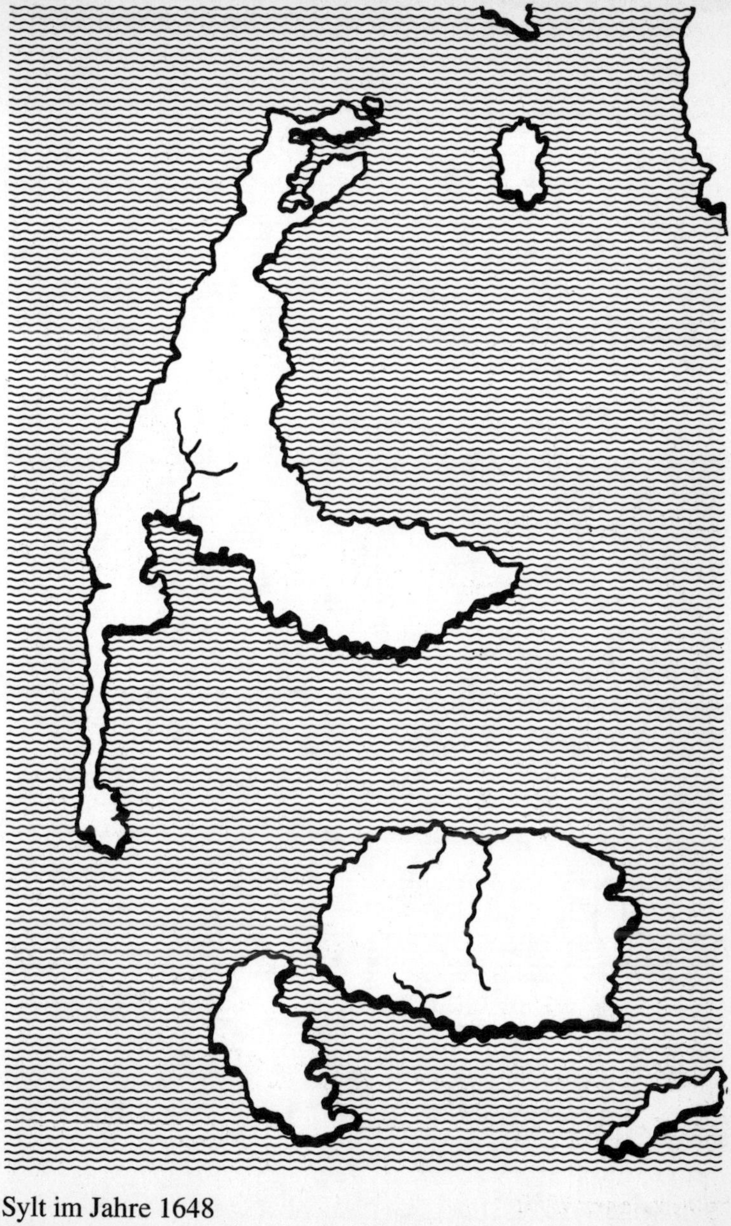

Sylt im Jahre 1648

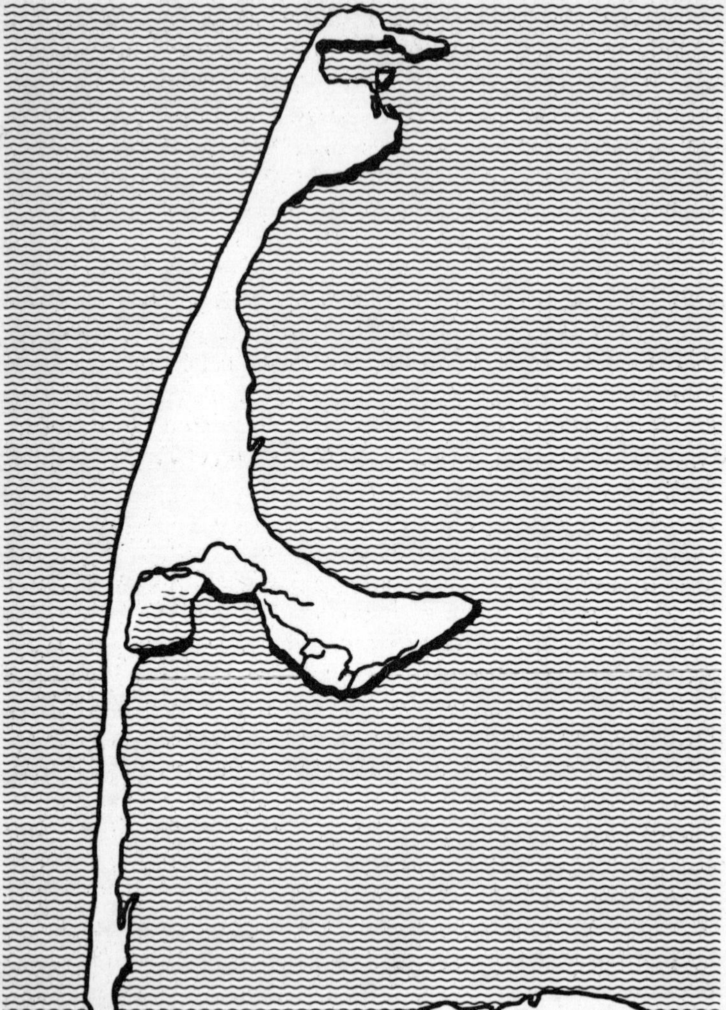

Sylt heute

siebzig Zentimeter gestutzte Buchen-, Haselnuß-, Birken- und Eschensträucher in den Sand zu stecken. Der oberirdische halbe Reisig-Meter, dicht bei dicht stehend, dient als Fangzaun, an dem der Sand hängenbleibt. Ergänzend dazu werden die Dünenflächen mit Strandhafer bepflanzt, so daß eine bescheidene Vegetationsdecke den Boden zusätzlich zusammenhält. Jedes Jahr wendet sich die Bädergemeinschaft mit der dringenden Aufforderung an die Gäste, diesen spärlichen Dünenbewuchs nicht zu betreten, und doch geschieht es immer wieder. Allein die durch solche Unvernunft verursachten Schäden belaufen sich auf hunderttausend Mark jährlich.

Aber man hat auch andere Küstenschutzmaßnahmen angepackt, zum Beispiel seit 1872 den Bau von Stein- und Pfahlbuhnen, später dann den von Stahlspundwand- und Stahlbetonpfahlbuhnen. Außerdem bekam Westerland zu Beginn unseres Jahrhunderts eine mächtige, etwa achthundert Meter lange Strandmauer, und in den sechziger Jahren packte man Tetrapoden, sechs Tonnen schwere vierfüßige Betonklötze, an die Inselküste.

Nach der schweren Sturmflut von 1962 gab Kai-Uwe von Hassel, damals Schleswig-Holsteins Ministerpräsident, eine Regierungserklärung ab, in der es hieß:

»Die nordfriesischen Inseln Sylt, Föhr und Amrum sowie die Marschinseln Nordstrand und Pellworm sind Wellenbrecher für das in ihrem Schutz liegende deichgeschützte Festland. Sie bilden also unmittelbaren Küstenschutz. Hierzu sind schon seit Jahrzehnten umfangreiche Maßnamen ausgeführt worden. Diese Vorhaben müssen nicht nur fortgesetzt, sondern vor allen Dingen auf den Inseln Sylt und Föhr durch neuere und stärkere Küstenschutzwerke ergänzt und verbessert werden. Ohne diese Maßnahmen können vor allem die Inseln Sylt und Föhr auf Dauer nicht erhalten werden. Die Folge wäre die unmittelbare Einwirkung, der direkte Angriff auf die Festlandküste«.

Die nach heutiger Erkenntnis wirksamste Küstenschutzmaßnahme ist die sogenannte Sandvorspülung. Im Jahre 1972 wurde erstmals Sand vor die Insel Sylt gelegt, den man östlich des Rantum-Beckens aus dem Watt holte und mit Hilfe einer Spülrohrleitung, einer Art Pipeline also, vor Ort brachte. Die Methode ist teuer, hat sich aber von Anfang an bewährt. Im Laufe der Jahre ist sie intensiviert und weiterentwickelt worden.

Die zur Zeit an der besonders gefährdeten Südspitze der Insel vorgenommenen Sandbewegungen sind Teil des Forschungsprojektes »Naturversuch Sylt«. Die für diesen Bereich notwendigen Sandmassen werden am Rand des Vortrapptiefs aus dem Watt geholt. Der für die Barrieren vor Westerland, Wenningstedt und Kampen benutzte Sand hingegen wird nun nicht mehr dem Watt, sondern fünf bis zehn Kilometer vor der Westküste Sylts dem Meeresboden entnommen. Den mit Wasser durchmischten Sand pumpt man zunächst in die Laderäume von Spezialschiffen und später auf den Strand, wo Bagger ihn verteilen.

Um die alljährlich anfallenden Kosten für die Sandvorspülung von etwa zehn Millionen Mark gibt es seit langem heftige Diskussionen. Die Sylter verweisen darauf, daß Küstenschutz Aufgabe des Staates sei und somit zu hundert Prozent durch öffentliche Mittel finanziert werden müsse, zumal der Schutz der Insel zugleich Schutz des hinter ihr liegenden Festlandes sei. So mancher Binnenländer aber sagt: »Wie komme ich dazu, ausgerechnet den Tummelplatz der Reichen und der Schönen zu finanzieren?« Wie unsinnig die letztgenannte Meinung ist, geht schon daraus hervor, daß nur die wenigsten unserer Gäste reich und schön sind, von uns Syltern ganz zu schweigen. Jedenfalls gingen und gehen, was die Bereitstellung öffentlicher Mittel betrifft, zwischen Ablehnung und Zustimmung die Wogen hoch.

Einen eigenwilligen Standpunkt brachte Claus Doktor, Tierarzt in Keitum und sozusagen Sylter Urgestein, in die Debatte ein, und für mich ist es zweitrangig, ob es ihm damit ernst war oder ob er die erregten Gemüter auf diese anschauliche Weise mit einem ganz bestimmten Sachverhalt bekanntmachen wollte. Okay, meinte er sinngemäß, wenn Kiel und Bonn nicht wollen, klinken wir uns eben aus, werden autonom. Das Sylter Steueraufkommen ist so hoch, daß wir gut allein zurechtkommen und dann auch unsere Sandvorspülung selbst bezahlen können. Wir füllen, gemessen an anderen Städten und Gemeinden, den allgemeinen Steuertopf derart überproportional auf, daß selbst bei größeren Entnahmen zum Schutz unserer Insel immer noch ein gewaltiges Plus für den Staat bleibt.

Eine abenteuerliche Methode, die Insel zu schützen, geisterte kürzlich durch die Presse. Da wurde erwogen, an der Old Lady Sylt ein radikales Lifting vorzunehmen. In den Inselsokkel sollte mit Hilfe eines Preßluftverfahrens eine gipsartige Substanz gespritzt werden, die sich dann wie Hefe aufbläht und somit den gesamten Inselkörper ein Stück aus dem Wasser hebt. So ganz absurd erscheint mir der Vorschlag nicht. Mir fällt México City ein. Da hat man das Gegenteil gemacht, hat im Laufe der Zeit dem unter der Zwanzig-Millionen-Stadt liegenden Untergrund das in winzigen Lavakapseln gespeicherte Wasser für den allgemeinen Gebrauch entzogen. Daraufhin platzten die Kapseln und fielen in sich zusammen. Die Stadt begann zu sinken. Um das feststellen zu können, muß man sich nur mal den *Palacio de Bellas Artes* ansehen. Der Prachtbau ist – zum Glück gleichmäßig – um mehrere Meter abgesackt. Treppenstufen, die einstmals aufwärts führten, führen nun nach unten.

Könnte die umgekehrte Vorgehensweise – Aufblasen statt Leersaugen – vielleicht hilfreich sein für Sylt?

Fassen wir zusammen!

Die Sandvorspülung hat sich bewährt, und solange es keine bessere Lösung gibt, muß sie weiterhin durchgeführt werden. Das dafür ausgegebene Geld ist gut angelegt, denn Sylt schützt das an seiner Ostseite gelegene Festland. Auch in Anbetracht der Bedeutung, die Sylt als Erholungsgebiet hat, ist es gut angelegtes Geld. Außerdem: Die Politiker dürfen nicht vergessen, daß sie mit Geldern umgehen, die wir Steuerzahler erarbeitet haben. Wird ein relativ geringer Teil dieser Gelder dazu verwandt, unseren und unserer Kinder Lebensraum zu schützen, so ist das nur recht und billig.

Die Gefährdete II

Die Erde ist nur eine Leihgabe an uns. Wir dürfen sie nutzen, müssen sie aber auch sorgsam verwalten und behüten. Das gilt im Großen wie im Kleinen und damit auch für Sylt. Ähnlich, wie sich zum Beispiel am Wald Raubbau treiben läßt, kann man eine Insel ausbeuten, kann sie verwirtschaften.

Ich habe den Eindruck, daß die hiesigen Kommunalpolitiker und auch die anderen zuständigen Gremien sich im Laufe der letzten Jahre ihrer Verantwortung gegenüber der Insel deutlicher bewußt geworden sind. Das war nicht immer so. Parteiengezänk, selbstsüchtiges Denken und Handeln, Inkompetenz oder persönliche Zwistigkeiten haben in der Vergangenheit Schaden angerichtet. Denken wir noch einmal an den durch das *Atlantis*-Projekt ausgelösten Höhenrausch! Der Wolkenkratzer hätte nicht nur alle anderen Bauwerke der Insel überragt, sondern noch weitere zweifelhafte Rekorde nach sich gezogen, so – um nur einen zu nennen – die abertausend PS, die dort im Keller versammelt gewesen wären.

Sylt ist nicht nur gefährdet durch das Meer, sondern auch durch uns Menschen. Zum Nutzen der Insel müssen wir künftig mit größter Umsicht zu Werke gehen, etwa beim Wohnungsbau und beim öffentlichen Nahverkehr, bei der Bewältigung der allsommerlichen Autoflut und bei den Aufgaben, die Natur- und Landschaftspflege stellen. Und ganz obenan steht natürlich der Küstenschutz. Das alles kostet Kraft, und die können wir nur aufbringen, wenn endgültig Schluß ist mit querulatorischen Kleinkriegen. Ob einer nun sozialdemokratisches, christdemokratisches, liberales oder grünes Gedankengut hinter seiner Stirn pflegt, das hat, wenn es um die Insel geht, nicht mehr Bedeutung als die Farbe seiner Socken. Oder, um es mit einem Bild zu verdeutlichen: Wenn ein Schiff zu sinken droht, ist es besser, zu lenzen als irgendeine Fahne hochzuhalten. Wir müssen über alle Meinungsunterschiede hinweg Sylts Wohl im Auge haben, und das heißt, jede Mühe auf uns nehmen, es zu beschützen, nicht nur vor dem Meer, sondern auch vor dem, was Menschen ihm antun können. Sogar die verdienstvolle Pflege alten Sylter Brauchtums verlöre ihren Sinn, wenn man nur das Brauchtum bewahrte, nicht aber Sylt selbst.

Eine Flutkatastrophe ganz besonderer Art galt es vor einigen Jahren abzuwehren. Da tauchte, durch Gott weiß welche widrigen Winde hergeweht, ein Mann aus dem Ruhrgebiet bei uns auf, entstieg auf dem Westerländer Flugplatz seinem Jet mit dem Ziel, Sylt quasi im Vorübergehen in die Tasche zu stekken. So jedenfalls verhielt er sich, forsch und anmaßend und die Sylter abkanzelnd mit Aussprüchen wie »... dat sin doch keine Geechner nich!« und »... die können doch nich übern Deich kucken!« Entsprechend sah er seine eigene Rolle: »Was kümmert es den Mond, wenn ihn ein Hund anpinkelt!« Ja, er lehrte die Insulaner das Fürchten, denn sein Plan war, auf Sylt den Massentourismus einzuführen. Zehntausend hiesige Gästebetten wollte der bullige Allround-Unternehmer mit Massenkontingenten aus dem Ruhrgebiet belegen, und zu diesem Zweck kaufte er Häuser auf, hundertelf an der Zahl. Daneben erwarb er ein Taxi-Unternehmen, eine Autovermietung und eine Kurklinik. Er zahlte überhöhte Preise und baute die Häuser so um, daß eine Vielzahl an Klein- und Kleinstwohnungen entstand. In manchen Fällen wurde das auf diese Weise mit Betten reich bestückte Objekt bald wieder verkauft, mit großem Gewinn, denn der Jongleur versprach märchenhafte Renditen. Der *Spiegel* schrieb damals: »Allenfalls einige Bordellwirte in Hamburg, Frankfurt und München kalkulieren mit ähnlich hohen Mieteinnahmen.« Es kam auch vor, daß der Rattenfänger mit Vermietgarantien von tausend Mark pro Quadratmeter und Jahr lockte, was einheimische Fachleute für utopisch hielten, weil es eine Belegung von mehr als zweihundertfünfzig Tagen voraussetzte. Zwar bemüht man sich hier mit wachsendem Erfolg, über die reine Sommersaison von rund hundert Tagen hinaus auch im Frühjahr und im Herbst und zu Weihnachten Gäste beherbergen zu können, doch gelten hundertzwanzig bis hundertfünfzig Vermiet-Tage pro Jahr bereits als die Ausnahme. Weil das Ziel des rigorosen Aufkäufers bald bekannt war, brachten manche Hausbesitzer ihr Objekt in aller Heimlichkeit an den Mann; aber sobald die fremde Firmenflagge im Garten wehte, wurde der Verkauf dann doch publik.

Das glimpfliche Ende der Geschichte: Sylt wurde kein zweites Mallorca. Das neue Imperium brach zusammen, noch ehe es zu voller Blüte gelangt war. Was allerdings zurückblieb, war in einigen Inselorten ein aus den Fugen geratener Immobilienmarkt, der dann auch mehrere Jahre brauchte, um sich wieder zu erholen.

Aus der Tierwelt kennen wir Beispiele dafür, daß Über-Population auch dann zu Stress führt, wenn scheinbar genug Raum für alle da ist. Beim Menschen ist es nicht anders, und fängt er sich den Stress gar in den Ferienwochen ein, weil der Ort, den er ausgesucht hat, überlaufen ist, wird er wohl keine Erholung finden. Es geht also wieder einmal ums Maßhalten. Wer ein Haus für zehn Gäste hat, sollte nicht fünfzehn aufnehmen, denn dann hätte er nicht zehn zufriedene und fünf unzufriedene, sondern unter Garantie fünfzehn unzufriedene Gäste. Das läßt sich auf die gesamte Insel übertragen. Ihre knapp einhundert Quadratkilometer sind nur dann Erholungsgebiet, wenn die Urlauber sich nicht gegenseitig im Weg stehen. Man darf ja auch nicht vergessen, daß die meisten außer den siebzig oder achtzig Kilogramm ihres Eigengewichts noch etliche Zentner Blech auf die Insel bringen. Also, die Zahl der zum gleichen Zeitpunkt hier anwesenden Gäste sollte nun nicht mehr ansteigen. Besonders unter diesem Aspekt müßten Anträge auf Bau- und Umbaugenehmigungen künftig bearbeitet werden.

Gut, daß der Hasardeur aus dem Ruhrgebiet gescheitert ist, daß Sylt keinen Massentourismus bekommen hat! Damit es so bleibt, heißt die Devise ‘Aufpassen!’ Aufpassen, daß wir nicht zu viele Geschäftsleute mit Goldgräber-Mentalität auf die Insel lassen, die – egal, wie es ihr bekommt – nur ihren eigenen Gewinn im Auge haben! Wenn ich jetzt Goethe zitiere, stoße ich vielleicht auf gähnende Ohren. Ich mach' das trotzdem, weil man es besser nicht sagen kann: »In der Beschränkung zeigt sich erst der Meister.«

Wie wär's jetzt mit ein bißchen Geschichte?

Im engeren Sinne meinen wir, wenn wir von Geschichte sprechen, den Werdegang des Menschen, weniger den des Individuums als den der Gruppe, der sozialen Formation. Sippen, Stämme, Völker, wie sie entstanden sind und sich behauptet haben, ihre territorialen Abgrenzungen, ihr Verbleiben an einem Ort, ihr Weggehen, ihre Kriege und ihre Verhandlungen mit Nachbarn, ihre Integration in eine vorgefundene Landschaft oder ihr Scheitern daran, das alles sind Bestandteile der Geschichte, und wer sich, wie wir es jetzt mit Sylt tun, mit einer bestimmten Region beschäftigt, gerät an Fragen wie: Seit wann leben die Bewohner dort, und woher sind sie gekommen? Es geht also um die Sylter, oder – weiter gefaßt – um die Friesen.

Sie gehören zu den Westgermanen. Ihr Kerngebiet lag zwischen dem Ijsselmeer und Lauwers in den heutigen Niederlanden. In den Jahren 12 bis 9 v. Chr. wurden sie von den Römern unterworfen und mußten fortan dem Kaiser Tribut zahlen. Nach dem Zerfall des Weströmischen Reiches dehnten sie ihr Gebiet aus und besiedelten schließlich einen breiten Küstenstreifen, der von der Ems bis an die Weser reichte.

Im achten Jahrhundert wurden sie dem Frankenreich einverleibt und damit auch christianisiert. Ein Teil der Friesen wanderte jedoch ab, vielleicht, weil er sich der neuen Obrigkeit nicht fügen wollte. Das sind die Menschen, von denen hier die Rede ist, die Nordfriesen. Sie besiedelten einen Küstenstreifen des nördlichen Schleswig-Holsteins und die ihm vorgelagerten Inseln.

Das folgende Jahrtausend hindurch waren die Nordfriesen Untertanen der dänischen Krone und damit auch der Herzöge von Schleswig und Holstein. Besonders die Inselfriesen mit ihrem ausgeprägten Sinn für Unabhängigkeit haben immer wieder und mit wechselndem Erfolg versucht, sich der fremden Verwaltung, Steuererhebung und Rekrutierung zu erwehren.

Im Jahre 1867 wurde Schleswig-Holstein preußische Provinz, und damit lag auch Sylt im Herrschaftsbereich des preußischen Königs. Nach dem Ersten Weltkrieg mußten die Bewohner Schleswigs dann darüber abstimmen, ob sie zu Deutschland oder zu Dänemark gehören wollten. Dieser Volksentscheid fand in zwei Zonen mit separater Auswertung statt. In der ersten, der nördlichen Zone entschieden sich 75 431 Bürger für Dänemark und 25 329 für Deutschland, so daß dieser Teil (Nordschleswig) dänisch wurde. In der südlichen Zone überwog der deutsche Anteil. Dort wollten 51 052 Bewohner zu Deutschland und 12 725 zu Dänemark gehören. Dieser Bereich fiel also Deutschland zu. Auf Sylt lautete das Abstimmungsergebnis: 88,4 Prozent deutsch und 11,6 Prozent dänisch.

Seither verläuft die deutsch-dänische Grenze von Flensburg quer hinüber an die Westküste. Ihre gerade Weiterführung hätte Sylt etwa in der Mitte durchschnitten. Man versah sie daher im Wattenmeer mit einem fast rechtwinkligen Knick nach Norden und zog sie dann zwischen den Inseln Röm und Sylt westwärts.

Um Schleswig-Holsteins und damit auch Sylts Rolle in der Jahrhunderte währenden deutsch-dänischen Auseinandersetzung zu verdeutlichen, ließen sich viele geschichtliche Ereignisse heranziehen, zum Beispiel die Bestrebungen der Eiderdänen, Schleswig von Holstein zu trennen, der deutsch-dänische Krieg oder Österreichs Rolle in der schleswig-holsteinischen Frage bis hin zum Prager Frieden von 1866 oder auch die Stationierung österreichischer Truppen auf Sylt. Doch dies ist kein Lehrbuch, und so soll dem kurzen historischen Abriß nichts weiter folgen als die Präsentation zweier Friesen, die – zu unterschiedlichen Zeiten – für die Freiheit eingetreten sind.

Der erste war Pidder Lüng. Der Sage nach hatte Kressen Jakobs, die Frau des Jakob Lüng, die Sturmflut von 1436, der Rantum zum Opfer fiel, überlebt und war mit ihrem Sohn Pidder nach Hörnum gezogen. Der muß schon als kleiner Junge ein rechter friesischer Querkopf gewesen sein, denn auf alles, was man ihm antrug, soll er erstmal mit Nein geantwortet haben.

Detlev von Liliencron hat ihn in die große Literatur eingeführt, nachdem er in der kleinen heimischen seinen Platz schon gefunden hatte, nämlich in der von C. P. Hansen erzählten Sage. Dort wie auch in Liliencrons Ballade bietet Pidder Lüng dem dänischen Steuereintreiber Henning Pogwisch die Stirn, der mit großem Gefolge in Hörnum erschienen war, um die widerspenstigen Sylter zur Rechenschaft zu ziehen. »Ihr scheint«, so Pogwisch in der Sage, »keine Ahnung davon zu haben, welche Gewalt die Obrigkeit besitzt, noch wie ihr euch als Untertanen gegen sie zu verhalten habt. Das will ich euch lehren, ihr freien friesischen Kohlfresser, die ihr euch erfrecht, Abgaben mit Rochenstacheln zu bezahlen!« Und bei Liliencron macht sich der zornige Däne Luft mit den Worten: »Und kann ich die Abgaben der Fischer nicht fassen, sollen sie Nasen und Ohren lassen, und ich höhn′ ihrem Wort: ‘Lewwer duad üs Slaav!’«

Später folgt die dramatische Szene, die jeder Sylter kennt: Die Auseinandersetzung der beiden findet im Lüngschen Hause statt. Auf dem Mittagstisch steht ein großer Topf mit Grünkohl. Der hochmütige Pogwisch tritt näher, spuckt in den dampfenden Kohl und sagt: »Nun geh an deinen Trog, du Schwein!« Pidder reagiert mit den Worten: »Wer in den Kohl spuckt, soll ihn fressen!« und packt den Dänen am Genick, drückt ihm den Kopf in das kochendheiße Gericht. Sowohl in der Sage als auch in Liliencrons Gedicht erstickt der Eintreiber, aber ob es wirklich so war, wissen wir nicht.

Über Pidder Lüngs weiteres Schicksal heißt es bei Liliencron:

»Der Priester liegt ohnmächtig ihm am Fuß;
die Häscher stürmen mit höllischem Gruß,
durchbohren den Fischer und zerren ihn fort;
in den Dünen, da rasen Messer und Mord.
Pidder Lüng doch, ehe sie ganz ihn verderben,
ruft noch einmal im Leben, im Sterben:
Lewwer duad üs Slaav!«

Der Sage nach erging es dem jungen Hörnumer anders. Er soll unter die Seeräuber gegangen und bei einem späteren Besuch auf der Insel von dem damaligen Strandvogt Erk Mannis gefangengesetzt und an den Galgen gebracht worden sein.

Lewer duar üs Slaav! Lieber tot als Sklave! Es ist nicht anzunehmen, daß dieser Wahlspruch der Friesen auf Pidder Lüng zurückgeht, denn das Wort machte erst viel später die Runde. Aber das ist nicht von Belang. Entscheidend ist, was die Sage uns erzählt: daß auf Sylt schon vor Jahrhunderten im Sinne dieser Losung gefühlt, gedacht und gehandelt wurde.

Übrigens, der Grünkohl, der in alten Berichten neben der Grütze und dem Fisch als Hauptnahrungsmittel der Sylter angegeben wird, ist hier noch heute ein traditionelles Gericht. Auf das alljährlich am 21. Februar stattfindende Biikebrennen, früher das Abschiedsfeuer für die scheidenden Seeleute, folgt sowohl in den Gaststätten wie auch in den friesischen Häusern ein großes Grünkohlessen.

Der zweite Sylter, den ich vorstellen möchte, ist eine historische Gestalt: Uwe Jens Lornsen, Kapitänssohn aus Keitum, der nach dem Besuch der Keitumer Dorfschule auf das Tonderner Seminar ging, später dann in Kiel das Jura-Studium aufnahm und es in Jena fortsetzte.

In Jena schloß er sich der deutschen Burschenschaftsbewegung an, unter deren Einfluß er sich mehr und mehr als Kämpfer für die Freiheit und für Deutschland empfand. Nach Beendigung des Studiums war er als Beamter in der Schleswig-Holstein-Lauenburgischen Kanzlei tätig und lernte dort das Wesen der dänischen Zentralregierung kennen. Im Herbst 1830 schied er aus dieser Laufbahn aus, um als Landvogt von Sylt seiner Heimat dienen zu können. Doch schon nach kurzer Amtszeit wurde er verhaftet, weil er auf einem Flugblatt eine für Schleswig und Holstein gemeinsame Repräsentativ-Verfassung gefordert hatte, was letztlich auf eine Loslösung von Dänemark hinzielte. Er wurde zu einem Jahr Festung verurteilt. Eine Petition der Sylter mit hunderteinundsiebzig Unterschriften, ihren Landvogt freizulassen, hatte keinen Erfolg. Lornsen selbst lehnte später die Möglichkeit, auf dem Gnadenweg freizukommen, ab, ebenso das Angebot der Regierung, einen mit einer Staatspension garnierten Auslandsposten zu übernehmen.

Während der Haftzeit, die er in Friedrichsort und Rendsburg verbrachte, vertiefte sich sein Wunsch, einem geeinigten Deutschland unter Preußens Führung möge auch Schleswig-Holstein angehören. Die Verwirklichung seiner Ideen und Pläne erlebte Uwe Jens Lornsen nicht. Es mangelte ihm an Gefolgschaft, denn vielen Schleswig-Holsteinern, vor allem dem Adel, waren seine liberal-demokratischen Vorstellungen zu radikal. Erst drei Jahrzehnte nach seinem Tod gelang es Bismarck, Schleswig-Holstein von Dänemark loszulösen und es Preußen einzuverleiben, das dann auch den Kaiser für das geeinte Deutschland stellte.

Lornsen starb früh. Er litt unter einer rätselhaften Krankheit, von der man nicht weiß, welcher Art sie war. Einig ist man sich in der Auffasssung, daß sie sowohl eine psychische als auch eine physische Ursache hatte. 1833 war er nach Brasilien gereist, in der Hoffnung, im anderen Klima zu genesen. Doch die Krankheit wurde schlimmer. 1837 kehrte er nach Europa zurück, lebte dann in der Schweiz. Dort nahm er sich 1838 das Leben, sicherte dabei sein Sterben dreifach ab. Mit einer Kugel in der Brust und mit aufgeschnittenen Pulsadern barg man ihn aus dem Genfer See.

Sein vom Freiheitskampf durchdrungenes Leben entsprach friesischem Wesen, sein Tod tat es nicht.

Schluß mit den Klischees!

Will man etwas beurteilen, so muß man den dazu notwendigen Sachverstand haben oder, wenn es daran fehlt, sich erstmal kundig machen. Diese Selbstverständlichkeit ist ein wenig aus der Mode gekommen. Heute werden Personen, Vorgänge und Zustände oft sehr rasch und leichtfertig bewertet. Mag sein, daß wir diese schlechte Angewohnheit von der auf Sensationen ausgerichteten Boulevardpresse übernommen haben, die das Leben von Spitzensportlern ebenso rücksichtslos ausschlachtet wie Orte mit besonderer Anziehungskraft. Jene Blätter - und mit ihnen ein großer Teil der Leserschaft - überschlagen sich, wenn irgendwo ein neuer Stern aufgeht, aber an seinem Untergang nehmen sie nicht minder hingerissen Anteil. Ja, ich fürchte, es hat sogar schon Methode, die Demontage vorzunehmen, sobald die hymnische Zuwendung einen gewissen Sättigungsgrad erreicht hat. Darum fürchte ich auch, manche unserer Landsleute freuen sich klammheimlich darüber, daß die Insel, von der sie meinen, sie könnten sie sich nicht leisten, immer mal wieder in abschätzigen Schlagzeilen auftaucht wie:

Sylt ist für Sterbliche zu teuer
Wann versinkt Sylt?
Die Nackten von Buhne 16
Tummelplatz der Reichen und der Schönen
Die Prominenteninsel

Mein Sylt - ich glaube, Sie haben es herausgehört - ist vor allem das Sylt, das noch nicht berühmt war. Ruhm und Ruch liegen bekanntlich dicht beieinander, und darum ist die Insel in diesem Sinne anfällig geworden. Ich möchte die Gelegenheit nutzen, den vielen abträglichen Klischees und Zerrbildern über sie eine schlichte Definition entgegenzusetzen. Zwar ist Sylt ein Platz, den auch die Prominenz gern besucht - warum sollte sie nicht? - aber in der Hauptsache ist es etwas anderes, nämlich eine *ganz besondere Insel für ganz normale Menschen.*

Ich bade gern an der Buhne 16, weil der Strand da so breit und schön ist und das Ferientreiben ringsum so gelöst. Man sonnt sich, man schwimmt, man spielt Ball oder sitzt in großer Runde und redet über dies und das. Erfreulich auch, daß man die Generaldirektoren unter den Ferienmenschen nicht erkennt, weil sie dort ohne Wagen und Chauffeur sind und ihnen sogar die Kleider fehlen, die nicht erst seit Gottfried Keller die Leute (aus-)machen. Und wer will sich schon auf Gesichter verlassen? Der imposante ältere Herr mit dem edlen Römerkopf und dem gebieterischen Blick, den ich, wenn ich denn doch mal zu taxieren versuche, für einen Konzernchef oder, falls abhängig, mindestens für einen Staatssekretär halte, entpuppt sich, während seine Boccia-Kugel mir vor die Füße rollt und wir ins Gespräch kommen, als ein Förster aus dem Hessischen. Und die schokoladenbraunen jungen Leute, die sich da so anmutig den Federball zuspielen, müssen sie denn gleich Verworfene sein, nur weil sie sich nackt an dieser Buhne tummeln? Und was heißt überhaupt tummeln? Sie treiben immerhin Sport. Soll bei ihnen das alte *mens sana in corpore sano* plötzlich nicht mehr gelten?

Die Zeiten, in denen die Spanner mit ihren Feldstechern in den Dünen lauerten, sind längst vorbei, und längst vergessen ist auch der flexible Eisverkäufer, der, als hier das Nacktbaden in breiter Front aufkam, mit seinem Bauchladen am Strand entlangging und, sobald er den textilen Bereich verließ und die Region der Nackten betrat, die Badehose auszog, um sich seiner Kundschaft anzupassen. Heute, da der *paradise-look* nicht mehr die Ausnahme ist, sondern auf Sylt siebzig Prozent einnimmt, sind die Übergänge ohnehin fließend, und wenn es auch Schilder gibt, die die Bezirke aufteilen, so sind doch durch das überall verbreitete Oben-ohne-und-unten-fast-nichts sowohl an den Stränden wie auch an den Körpern die Abgrenzungen nur noch vage.

Im übrigen hat es das Nacktbaden auf Sylt schon vor anderthalb Jahrhunderten gegeben. 1850 setzte sich hier der Arzt Dr. Jenner für das Baden ohne jede Bekleidung ein, weil, wie er befand, die heilsame Brandungsmassage in ihrer Wirkung auf den Körper nicht durch einen Badeanzug geschmälert werden sollte. Doch damals war das Netto-Baden natürlich die Ausnahme. Zur selben Zeit waren Damen- und Herrenbad noch strikt getrennt, und erst das neue Jahrhundert brachte das sogenannte Familienbad, selbstverständlich mit Badeanzügen, und zwar ziemlich monströsen.

»Sylts Nackedei-Revier«, so steht es in Sven Simons Buch, »ist inzwischen zu einem Markenzeichen geworden.« Und weiter heißt es dort: »Als eines Tages in der Mittelschule eines Ortes bei Heidelberg ein kleines Mädchen namens Gloria an die Weltkarte geschickt und gefragt wurde, wo denn wohl Abessinien liege, da nahm sie den Zeigestock und deutete ohne Zaudern, wenngleich leicht errötend, auf einen winzigen Fleck vor der Nordseeküste.«

Das Herumlaufen wie Adam und Eva macht frei, sagt man, und so ist es wohl auch. Trotzdem kann es Irritationen hervorrufen, zum Beispiel dann, wenn man das Sommerbild der Nackten in eine berufliche Beziehung zu integrieren hat. Ich erinnere mich: Als vor Jahren mein Münchner Verleger mal wieder auf Sylt war und wir ein Buchprojekt besprechen wollten, meinte er, wir könnten uns dazu am Rantumer FKK-Strand treffen. Ich zögerte, denn ich hatte zwar schon manchen verlegenen Nackten gesehen, aber noch nie einen nackten Verleger, und das wollte ich mir eigentlich auch ersparen. Wir trafen uns dann am Abend in einer Westerländer Kneipe.

Liebe ist mehr

Man kann eine Landschaft lieben und es schwer haben bei dem Versuch, anderen diese Liebe zu erklären. Mir ergeht es mit Sylt so. Es ist ja nicht damit getan, die optischen Reize aufzuzählen. Das tun viele, denen es hier gefällt, und ich werde es auch noch machen, denn ganz ohne Beschreibung läßt die Insel sich nicht vorstellen. Aber Liebe ist mehr. Ihre Quellen liegen nicht allein im vordergründig Erfaßbaren. Nein, da kommt noch etwas hinzu. Ich bin verführt zu sagen: etwas Übersinnliches, doch auch damit ist das, was ich empfinde, nicht hinreichend erklärt. Ich versuche es jetzt mal so:

Oft, wenn ich irgendeine Region unserer Insellandschaft vor Augen habe, bewegt mich neben dem bloßen Anblick noch etwas anderes, etwas, was aus der Tiefe heraufkommt: Erinnerung.

Die Heide zum Beispiel. Natürlich bestaune ich den großflächigen dunkelgrünen Besatz der Sandböden mit seinen rosa und violetten Blüten, aber ich nehme nicht nur das schöne Farbenspiel in mich auf, sondern habe auch gleich den herbsüßen Geschmack der prallen dunkelblauen Beeren auf der Zunge, die ich als Kind in den Ferien gepflückt und in einem kleinen Eimer in mein Westerländer Großelternhaus getragen habe. Da gab es dann abends Heidelbeeren mit Milch, und ich hätte sie gegen keinen anderen noch so erlesenen Nachtisch eintauschen mögen.

Oder die Wiesen. Wie frei wir uns als Kinder in den Tinnumer Wiesen fühlten, davon habe ich schon erzählt, aber einmal sind auch die Keitumer für mich von großer Bedeutung gewesen, und das hatte sogar noch viel direkter mit der Freiheit zu tun.

Frühjahr 1945. Ich war zu Beginn des Jahres von der Schulbank weg Soldat geworden und im Mai als Kriegsgefangener ausgerechnet auf eine Insel verschlagen worden, auf die Ostsee-Insel Fehmarn, gehörte dort zu den vierzigtausend Geschlagenen, die die Engländer in einem riesigen Zeltlager am Ufer von Burgstaken untergebracht hatten, und natürlich drängte es jeden von uns nach Haus.

Im Juni sickerte die Nachricht durch, daß die erste Entlassungswelle bald rollen würde. Die Freiheit winkte also, aber für wen? Alle, die in ihrem Wehrpaß irgend etwas Landwirtschaftliches vorweisen konnten, rangierten vorn, weil es darum ging, die Volksernährung zu sichern. Bauer, das also hätte man sein müssen! Dann kamen die Lkw- und Traktorenfahrer an die Reihe, dann die Maurer, die Zimmerleute, die Klempner. Sie wurden für den Wiederaufbau gebraucht, denn Trümmer gab es ja in jener Zeit zuhauf.

Was diese Skala der Präferenzen betraf, stand in meinem Ausweis nichts Gutes: Schüler. Mit einem größeren Mangel an Dringlichkeit konnte man gar nicht behaftet sein, und so blies ich Trübsal, zusammen mit denjenigen, deren Wehrpaß den gleichen Makel hatte.

Doch unter meinen Papieren befand sich noch etwas anderes, etwas, dessen möglicher Wert mir erst nach und nach aufging, ein Foto, ein kleines zerknittertes Foto, sechs mal neun Zentimeter messend und farbig nur deshalb, weil es schon ein bißchen vergilbt war. Auf diesem Foto, platzbeherrschend: eine Kuh. Am Euter dieser Kuh sitzend und melkend: meine Tante. Am Hinterteil der Kuh stehend: ich, in der Linken den Kuhschwanz, damit er der Tante nicht dauernd um die Ohren wischte. Bestimmt kein attraktiver Arbeitsplatz für einen Vierzehnjährigen, aber für einen Städter doch auch wieder aufregend. In der Rechten hatte ich einen Wedel, mit dem ich die Bremsen verscheuchte. Im Hintergrund des Bildes: die Wiesen von Keitum und an ihrem Ende der Deich.

Auf dem Foto wende ich den Kopf, um in die Linse zu gucken. Das war mein Glück. Man konnte mich erkennen. Und so eilte ich eines Tages mit diesem schlagenden Beweis meiner landwirtschaftlichen Unentbehrlichkeit zu den englischen Bewachern.

Der *Sergeant*, an den ich zunächst geriet, wollte nur etwas über die Melkerin wissen, und dabei war doch die Kuh im Moment wirklich wichtiger. Der *Captain* begriff das dann auch Gott sei Dank sofort und zeigte ein offenes Ohr für meine Agrarprobleme: Bauernhof auf Sylt, vierzehn Kühe, bei deren Erwähnung ich noch einmal mit Nachdruck auf das Foto tippte, drei Pferde, zwölf Schweine und so weiter, aber keine Männer im Haus, alle in Gefangenschaft, in russischer natürlich, was den Mann ja vielleicht anstachelte, seine angelsächsische Humanität herauszukehren. Ich müsse also unbedingt nach Haus, erklärte ich ihm und überschüttete ihn mit meinem Schulenglisch. Und ... er hatte ein Einsehen oder auch nur Erbarmen! Jedenfalls kam ich schon am nächsten Tag frei. In meinen Entlassungspapieren stand nicht Lübeck, sondern Keitum auf Sylt.

So trat ich in einem englischen Lkw die Fahrt nach Norden an, übernachtete im Stall eines Niebüller Bauern und fuhr dann mit einer Draisine – etwas anderes verkehrte damals zwischen dem Festland und Sylt nicht – über den Damm. Und das Schöne neben der wiedergewonnenen Freiheit: Ich arbeitete dann tatsächlich ein paar Monate lang in der Landwirtschaft, fuhr morgens um fünf mit dem Einspänner hinaus in die Mark, so heißt das Wiesenland der Ostdörfer, melkte dort zwar nicht vierzehn, aber doch elf Kühe, mußte dann Schweine, Hühner, Gänse füttern, Heu zusammenharken und Diemen aufstellen, mit der Hacke Kartoffel- und Rübenäcker bearbeiten und – das war eigentlich das Größte, obwohl es mit einem Fiasko begann – das Heu einfahren. Das erste Fuder warf ich nämlich um, weil ich schief geladen und dann auch noch eine Kurve zu scharf genommen hatte. Da kriegte mein noch so junger Bauernstolz einen gehörigen Knacks, aber die nächste Fuhre brachte ich sicher nach Hause.

Ja, die Sylter Landschaft ist für mich fast immer ein Doppelerlebnis, weil so viel Erinnerung sich einmischt. Auch bei den Friesenwällen ist es so. Sie sind zwar nicht natürlich gewachsen, sondern von Hand gemacht, prägen aber das Erscheinungsbild mancher Ortsteile. Das Grundstück meiner Westerländer Großmutter hatte eine solche gut meterhohe aus Steinen und Grassoden errichtete Begrenzung. An der Südwestecke lag ein etwa kopfgroßer Findling viel zu lose in seinem Bett. Das war für meinen Bruder und mich ein Grund, in den Ferien etwas darunter zu verstecken einzig mit dem Ziel, im nächsten Sommer zu prüfen, ob es noch da sei. Ganz wertlos durfte der Gegenstand nicht sein, und so trafen wir eine Wahl, die ich für verrückt hielt, mein Bruder jedoch für sinnvoll, weil er mit seinem vierjährigen Vorsprung schon etwas von Symbolik verstand. Wir besaßen gemeinsam ein sehr schönes und sehr teures Auto, ein Spielzeug natürlich, aber eins mit allen Schikanen, das uns sogar in die Ferien begleitete. Es war nicht ganz so groß wie ein Schuhkarton. Die Räder konnte man abnehmen und wieder dransetzen. Das von links vorn wurde im Wall deponiert, und obwohl nun während der elf langen Monate in Lübeck unser Auto praktisch wertlos war, versuchte mein Bruder mir immer wieder klarzumachen, daß die Dreirädrigkeit einen Wert an sich darstelle, wenn wir uns nur deutlich genug vor Augen führten, wo das vierte Rad liege. Ich hatte viel Respekt vor meinem Bruder, und also nickte ich ebenso eifrig wie verständnislos. Ein paar Jahre später wußte ich, wie er's gemeint hatte, und seither fällt mir das im Friesenwall deponierte Autorad ein, sobald ich das Lied höre: »Ich hab' noch einen Koffer in Berlin …«

Na, und die Dünen! Sie sind es, die in der Sylt-Landschaft dominieren. Man hat sie schon mit der Sahara verglichen und mit dem Mond. Für mich sind sie eine Art Kordillere, weil sie – so ähnlich wie die chilenische Bergkette – die Peripherie eines langen, schmalen Landstrichs bilden. Und sie sind, da wir, als ich klein war, nie in den Süden fuhren, die Berge meiner Kindheit. Aber auch Grausames verbindet sich für mich mit ihnen. Also wieder Erinnerung, wenngleich sie diesmal nicht auf eigenes Erleben zurückgeht, sondern auf etwas, was mir erzählt worden ist: Es gab gegen Ende des Zweiten Weltkrieges viele Soldaten auf der Insel, sehr junge darunter, siebzehn, achtzehn Jahre alt, und einige von ihnen wollten ganz einfach Schluß machen mit dem Kriegsdienst, oder sie hatten Heimweh oder auch eine Freundin auf dem Festland, jedenfalls kam es wiederholt vor, daß einer seine Truppe verließ, also fahnenflüchtig wurde. Diese Jungen, die in der Regel schnell wieder aufgegriffen wurden, stellte man dann vors Kriegsgericht. Bei einigen von ihnen ist es dem Verteidiger gelungen, sie zu retten, aber eben leider nicht bei allen, und so gab es hin und wieder Erschießungen in den Dünentälern südlich von Westerland. Manchmal, wenn ich am Flutsaum den Strand entlanggehe und zu den Dünen hinaufblicke, ist mir, als hörte ich die gnadenlosen, widersinnigen Todesschüsse.

Doch weiter! Das Watt. Kinderspiele. Oder auch Arbeit: das Sammeln von Würmern in einer Blechdose, um mit ihnen dann an der anderen Inselseite, von einer Westerländer Buhne aus, Größeres zu angeln. Und da wir gerade von Fischen reden: Mein Vater betrieb als Kind mit seinen Freunden einen ganz besonders raffinierten Fischfang im Keitumer Watt, ohne jedes Gerät, nur mit Füßen und Händen. Und dazu gibt es eine kleine wahre Geschichte, die ich in dem Seefahrer-Roman *Acapulco Royal* verarbeitet habe. Ich bringe sie jetzt noch einmal, weil sie so gut hierherpaßt. Mit »er« ist der Kapitän gemeint, der sich auf seinem Schiff an Kindertage erinnert:

»Er stand wieder auf, ging in seinen Salon, setzte sich an den Tisch. Da lagen ein paar Papiere; die Musterrolle, eine Ablichtung der Konnossemente, die Post, eine Zeitung. Er schob alles beiseite, drehte sich im Stuhl zum Schrank herum, versorgte sich, trank einen Mescal, zwei, drei, zählte nicht mehr. Ihm fiel eine Kindergeschichte ein. Er überlegte nicht, woher sie so plötzlich kam. Sie war da wie der Traum vom Reichtum, der die Armen heimsucht. Die Geschichte von der Scholle. Sie hatten gewettet. Zu viert. Er allein gegen die anderen. Die drei hatten jeder fünf Pfennige auf den Stein gelegt und er fünfzehn dagegen. Und dann waren sie ins Keitumer Watt hinausgegangen, um mit den Füßen eine Scholle zu fangen. Buttpetten nannten sie das. Es sah ganz einfach aus, aber es gehörte viel Geschicklichkeit dazu. Man hob in dem seichten Wasser den Fuß an, hielt ihn eine Weile ganz ruhig über der flachen eingesandeten Flunder, senkte ihn langsam, trat dann plötzlich zu, und wenn es klappte, konnte man den zappelnden Fisch unter der Sohle hervorziehen. Er hatte Glück. Er war auf der Suche gewesen nach einer besonders kleinen und hatte eine gefunden, die nur ein bißchen größer war als seine Hand, und er war damals erst acht oder neun. Er erwischte sie, ehe die anderen ihm womöglich ein Exemplar von einem halben Kilo hinhielten. Die erste gefangene Scholle sollte es nämlich sein, egal, wie groß. Sie setzten sich neben den Stein. Niels übernahm es, die Scholle an dem Stein totzuschlagen und sie dann noch einmal zu waschen, ehe er sie ihm überreichte. Er nahm sie und sah sie sich eine Weile an, erst die rauhe, graubraune Oberseite, aber dann drehte er sie um, so daß nur das glatte Weiß zu sehen war, und so, das Weiße nach oben, aß er sie auf. Mit Kopf und Schwanz und Flossen und Gräten. Und dann strich er das Geld ein ...«

Rundblick

Wer weit sehen will, geht auf eine Anhöhe oder hält sich ein Fernglas vor die Augen. Noch besser: Er tut beides. Ich habe mir dafür Sylts höchstgelegenen natürlichen Standort ausgesucht, bin nach Kampen gefahren und über die hölzerne Treppe auf die *Uwe-Düne* gestiegen, die ihren Namen nach Uwe Jens Lornsen bekommen hat.

Ich sehe mir meine Insel an, mal mit, mal ohne Glas. Der erste Blick geht allerdings in Richtung Meer, denn die mächtige blaugraue Fläche ist für die Augen wie ein Magnet. Heute ist ein kühler Julitag. Windstärke fünf. Das ist eine ganze Menge. Vielleicht erinnern Sie sich: »Frische Brise; die Stämme kleinerer Bäume beginnen zu schwanken; Geschwindigkeit etwa neun Meter pro Sekunde; See: mäßig lange Wellen mit Schaumkämmen; man spricht von ziemlich grober See.« Ich überprüfe Herrn Beaufort, und es stimmt, was er sagt, jedenfalls im Hinblick auf das Meer. Die Wellen schieben sich ans Ufer und haben ein weißes Strichmuster. Ganz verloren wirken das kleine Rot und das kleine Lila, zwei Surfer, die in Ufernähe vorüberflitzen. Der Wind gibt ihnen ein respektables Tempo.

Zwei-, dreihundert Meter weit draußen entdecke ich einen neuen Farbton. Da ist das stählerne Blaugrau leicht aufgehellt. Die Stelle sieht nach einem Streifen Sonnenlicht aus, der es geschafft hat, durch die Wolken zu schlüpfen. Aber der Himmel ist überall bedeckt. Also stammt die Helligkeit nicht von oben, sondern dringt aus der Tiefe herauf. Eine Sandbank. Da entdecke ich auch schon – winzig klein – die im Wasser tanzende Tonne, und einmal mehr denke ich daran, wie wichtig Seezeichen sind.

Die Kugelgestalt der Erde begrenzt unseren Blick über das Meer, zieht quer durchs Bild jene schnurgerade Linie, die uns vorgaukelt, dort träfen Himmel und Wasser aufeinander. Heute sind die Farben, das Blaugrau und das Bleigrau, nur schwach gegeneinander abgesetzt; die Linie ist unscharf. Das Fernglas macht sie mir ein bißchen deutlicher, und wie so oft bei ihrem Anblick, verlockt sie mich auch diesmal zu rechnerischen Spielereien. Auf der anderen Seite der Nordsee liegt England, und da ich mich knapp unterhalb des 55. Breitengrades befinde, ist die Stadt Newcastle mein Gegenüber. Ich erinnere mich, daß Kapitän Tamm mir auf der Kommandobrücke der *United Venture* erklärt hat, mit dem Blick zum Horizont lege das Auge fünfzehn Meilen zurück, wenn man fünfzig Meter hoch stehe. Der Gipfel der *Uwe-Düne* liegt zweiundfünfzig Meter über dem Meeresspiegel; ich bin dem geforderten Wert also ganz nah. Die englische Küste ist ungefähr dreihundertfünfundzwanzig Seemeilen von Sylt entfernt. Demnach wäre ich, wenn ich mit den Beinen so ausschreiten könnte wie mit den Augen, nach knapp zweiundzwanzig Schritten drüben. Lächerlich wenig finde ich das. Mit den Schritten vier bis siebzehn würde ich über die riesige Doggerbank hinwegstapfen, die mitten in der Nordsee liegt und an ihrer flachsten Stelle nur dreizehn Meter tief ist.

Aber ich stehe nicht auf der *Uwe-Düne*, um an unserem Globus herumzurechnen, sondern um ein kleines Stück von ihm zu betrachten, mache also einen Schwenk, gehe mit den Augen auf Kurs Südsüdwest, entdecke vor Westerland zwei Schiffe, die ich auf Anhieb in mein Herz schließe, denn sie besorgen die Sandvorspülung. Weiter! Blick nach Süden, über Wenningstedt hinweg auf Westerlands Silhouette. Ein paar Gebäude, mit denen man, als sie errichtet wurden, höher hinauswollte. Oder auch mußte. Als erstes, ganz rechts und also nah am Wasser, die drei Hochhäuser der Kurzone, raumgreifende Kästen sogar aus der Fünf-Kilometer-Distanz. Ich male mir aus, was *Altlantis* der Skyline von Westerland angetan hätte, und schaudere bei dem Gedanken, der Koloß stände nun da. Ebenfalls das Gros der Dächer überragend: die Nicolai-Kirche. Sie darf, meine ich, denn ihr Turm ist schön, und was, wenn nicht eine Kirche, hätte das Recht, sich himmelwärts zu recken? Der letzte hohe Bau ist der Fernmeldeturm, kein Ausbund an Wohlgestalt, aber da unser Sinn für Ästhetik korrupt ist, nehmen wir manchmal für optisch noch tragbar, was in Wahrheit nur nützlich ist.

Meine Augen wandern weiter, und ins Bild kommt, aus dem östlichen Westerland herauswachsend, Sylts neunzehn Kilometer langer Südflügel, oft auch, wie sein Pendant im Norden, als Nehrungshaken bezeichnet. Die Perspektive verkürzt ihn, doch eine ungefähre Vorstellung von seiner topographischen Beschaffenheit gewännen auch diejenigen, die hier oben ständen und die Landkarte nicht im Kopf hätten. Nahe seinem Ende tritt, wenn auch nur schwer erkennbar, der Hörnumer Leuchtturm aus dem Dunst.

Dann der große Mittelteil der Insel, der weit nach Osten hinüberreicht und an dessen äußerstem Zipfel der Damm ansetzt. Während die beiden Nehrungshaken im Süden und Norden sehr schmal sind, stellenweise eine Breite von weniger als tausend Metern haben, erreicht hier die West-Ost-Ausdehnung ihr Maximum, nämlich zwölfeinhalb Kilometer. Auf der in südöstlicher Richtung verlaufenden Achse Westerland-Nösse liegen die Orte Tinnum, Keitum, Archsum, Morsum, die sich noch einen Rest Landwirtschaft bewahrt haben. Früher gab es auf Sylt dreihundert Bauernhöfe, heute sind es noch fünfundzwanzig.

Obwohl die Lichtverhältnisse nicht besonders günstig sind, erkenne ich in der fast schwarz wirkenden Landmasse den hellen Schimmer des Morsum-Kliffs. Auch die beiden Wahrzeichen der Insel, die Keitumer Kirche und der Kampener Leuchtturm, liegen in meinem Blickfeld.

Und wieder ein Schwenk. Ich sehe über Kampen hinweg auf das Wattenmeer, das, der Anziehungskraft von Mond und Sonne unterworfen, in stetem Wechsel mal Gewässer, mal Schlicklandschaft ist und sich zur Zeit gerade in jenem Halbzustand befindet, in dem die Priele, durch die Zu- und Abstrom erfolgen, Wasser führen und sich wie Flüsse gebärden, die über die Ufer treten. Auch dieser nach Osten gewandte Blick trifft auf eine Begrenzung, doch ist es diesmal nicht der Horizont, der die Trennlinie zieht, sondern das Festland, rechts der deutsche, links der dänische Anteil.

List ist an der Reihe, und damit habe ich die Kompaßrose zu drei Vierteln umrundet. Vom Land löst sich gerade eins der großen weißen Fährschiffe, die zwischen Röm und Sylt verkehren. Es wird Nordostkurs nehmen und auf Havneby zuhalten, wo es zu Hause ist.

Noch ein Stück weiter herum, und ich habe wieder das offene Meer vor mir, das blaugraue Wasser mit den Gischtkämmen. Eine durchgehend weiße Fläche bildet die ufernahe Brandungszone, die ich bei meinem ersten Blick übers Meer nicht gesehen habe, weil die hohe Kliffkante die Sicht darauf verdeckte, wie auch auf den Strand, den ich nun, Blickrichtung Nordnordwest, gut ausmachen kann.

Das war der Rundblick in die Ferne, aber es verlohnt auch, hinunterzusehen in das Gelände, das zu meinen Füßen liegt. Dünenland. Ein Gebirge en miniature. Fast weiß die Sandflächen. Zwischen ihnen die vielen Grüntöne, vom Dunkel des Heidekrauts bis hin zur Pastellfarbe der Gräser. Manchmal, rührend anzusehen, eine Sandfläche von nur wenigen Quadratmetern und obwohl so klein, doch sorgfältig bepflanzt; fast könnte man die Halme zählen.

Zum Schluß der Blick auf Kampen, ein Dorf, wie man es sich schöner nicht vorstellen kann. Die Häuser an seiner Wattseite sehen so aus, als wären sie Teil der Landschaft.

Es ist Zeit für den Heimweg, aber noch mag ich nicht gehen, denn hier oben fühle ich mich wie auf einer Kommandobrücke. In welche Zukunft fährt es, das Schiff *Sylt?* Wird es den Stürmen standhalten? Und werden Besatzung und Passagiere immer gut mit ihm umgehen?

Benutzte Literatur

Margarete Boie, »Der Sylter Hahn«, J. F. Steinkopf Verlag GmbH, Stuttgart 1925

Marion Brandt-Odenthal, »Wenn Sylt versinkt«, Fischer Taschenbuch Verlag GmbH, Frankfurt/Main 1989

Otto Brandt, »Geschichte Schleswig-Holsteins«, Verlag Walter G. Mühlau, Kiel 1949

Herbert Bruns, »Sylt – Natur, Erholung, Forschung, Lehre, Umweltbelastung, Inselplanung und Bürgerinitiative«, Bd. 4, 1. und 2. Halbband, Biologie-Verlag, Wiesbaden o. J.

Margot und Nico Hansen, »Sylt, Geschichte und Gestalt einer Insel«, Verlag Hansen und Hansen, Itzehoe-Voßkate 1967; darin: Nils Arhammer, »Die Syltringer Sprache«; Heinrich Pfleiderer, »Die Heilkräfte des Meeres und des Meeresklimas«; Harald Voigt, »Geschichte der Insel Sylt«

Wilhelm Jessen, »Das Meer vernichtet und segnet«, Sylter Verlag Adda Rudolph, Westerland 1967

Wilhelm Jessen (Herausgeber), »Sylter Sagen nach den Schriften des Heimatforschers C.P. Hansen«, Inselverlag Carl Meyer, Westerland o. J.

Michael Jürgs u. Tassilo Trost, »Die Insel«, Stern-Buch; Copyright Stern-Magazin im Verlag Gruner + Jahr AG, Hamburg 1978

Henry Koehn, »Die Nordfriesischen Inseln«, Verlag Cram, de Gruyter & Co, Hamburg 1961

Boy P. Möller, »Söl'ring Uurterbok«, Otto Meisners Verlag, Hamburg 1916

Otto Ottsen, »Die Nordseeinsel Sylt – Erdkundliche und geschichtliche Betrachtungen«, Verlag Carl Meyer, Westerland 1909

Carla Petersen, »Der Nössedeich wird fünfzig«, in: *Sylt* 88, Verlag Heinrich Möller Söhne, Rendsburg 1988

Eduard A. Pfeiffer, »Schiffahrt und Seewesen«, Franckh'sche Verlagshandlung, Stuttgart 1936

Georg Quedens u. Hans Jürgen Stöver, »Sylt, wie es früher war«, Hans Christians Verlag, o. O. u. J.

Georg Quedens, »Inseln der Seefahrer«, Edition Maritim, Hamburg 1982

Peter Schmidt-Eppendorf, »Memoiren einer Insel«, Husum Druck- und Verlagsgesellschaft mbH u. Co KG, Husum 1977

Karl Schmidt-Rodenäs, »Sylter Geschlechter um und nach Lorenz Petersen de haan«, Verlag Nordfriisk Instituut, Bredstedt/Bräis 1981

Bodo Schütt, »Jahr der Insel«, Christian Wolff Verlag, Flensburg o. J.

Sven Simon, (Herausgeber; unter Mitarbeit von Claus Jacobi und Manfred Wedemeyer), »Sylt, Abenteuer einer Insel«, Hoffmann und Campe Verlag, Hamburg o. J.

Richard Stöpel, »Geschlecher kommen und gehen«, Band 1 u. 2, Inselverlag Carl Meyer, Westerland o. J.

Hans Jürgen Stöver, »Westerland auf Sylt, das Bad im Wandel der Zeiten«, Husum Druck- und Verlagsgesellschaft mbH u. Co KG, Husum 1980

Sylter Archiv, Bericht über Schiffsuntergänge in den Gewässern um Sylt, Reg.-Nr. 90/360

Kurt Lothar Tank, »Sylter Lesebuch«, Verlag Ullstein GmbH, Berlin/Frankfurt/Wien 1973

Manfred Wedemeyer, »Käuze, Künstler, Kenner, kaum gekanntes Sylt«, Verlag Pomp & Sobkowiak, Essen 1986

Annemarie Winger, »Sie heizten mit *Luurter* und *Kiisen«* , in: *Sylt* 86, Verlag Heinrich Möller Söhne, Rendsburg 1986

Ommo Wilts, »Friesisch, die unbekannte Sprache«, in: *Sylt* 90, Verlag Heinrich Möller Söhne, Rendsburg 1990

Der Autor

Hinrich Matthiesen wurde 1928 in Westerland auf Sylt geboren und stammt aus einer Familie mit Tradition: 300 Jahre lang fuhren die Väter, Großväter und Urgroßväter zur See.

Hinrich Matthiesen wurde nicht Kapitän, aber Fernweh hatte auch er: Rund zehn Jahre lebte er in Süd- und Mittelamerika, studierte Land und Leute und unterrichtete Deutsch und Religion. Heute lebt der Romanautor wieder auf seiner Heimatinsel.

Veröffentlichungen u. a.: »Acapulco Royal«, »Mit dem Herzen einer Löwin«, »Die Ibiza-Spur«, »Vabanque«, »Fleck auf weißer Weste«, »Das Gift«, »VX« u.v.m.

Bitte beachten Sie
die folgenden Seiten

Christine Brückner (Hrsg.)

Juist

Ein Lesebuch

Ullstein Buch 23306

Ullstein

Christine Brückner, Kennerin von Inseln, legt mit ihrer Auswahl von Texten und Bildern ein Lesebuch von Juist-Liebhabern für Juist-Liebhaber vor. Jeder, der schreibt, und jeder, der zeichnet, sieht die Insel mit anderen Augen: die Jahreszeiten spielen eine Rolle, ebenso die Tageszeiten und Tiden; die zwei Seiten der Insel – das Meer und das Watt. Kalfamer und Loog, Heller und Bill, das sind Reiz- und Zauberworte für Kenner der Insel und Lockworte für jene, die Juist erst noch entdecken wollen . . .

Renate Seydel (Hrsg.)

Hiddensee

Ein Lesebuch

Ullstein Buch 23855

Die Geschichte Hiddensees, dieser schmalen, der Westküste von Rügen vorgelagerten Insel, läßt sich fast ein Jahrtausend zurückverfolgen. Doch erst als im neunzehnten Jahrhundert Fremde in größerer Zahl ihre Schönheit erkannten, wurde sie Gegenstand der Kunst, der Malerei und der Dichtung vor allem. Die unberührte Natur zog die Großen der Zeit in ihren Bann: Albert Einstein, Thomas Mann, Gerhart Hauptmann, Sigmund Freud, Schauspieler wie Asta Nielsen, Heinrich George, Paul Wegener, Otto Gebühr u. v. a.

Ullstein